Amtliche Nachrichten

über das

Preußische Staatsschuldbuch.

Dritte Ausgabe.

Nach den Gesetzen vom 20. Juli 1883 (G. S. S. 120)
und vom 12. April 1886 (G. S. S. 124)
und den
Ausführungsbestimmungen des Herrn Finanzministers.

Berlin und Leipzig.
Verlag von J. Guttentag.
(D. Collin.)
1888.

Vorwort zur dritten Ausgabe.

Die nachstehende dritte Ausgabe der amtlichen Nachrichten bildet im Wesentlichen einen unveränderten Abdruck der zweiten Ausgabe.

Berlin, den 1. Mai 1888.

Königliche Hauptverwaltung der Staatsschulden.

Sydow.

Inhalt.

Anhang.

Einleitung.

Zweck und Bedeutung des Staatsschuldbuchs.

Die Einrichtung des Staatsschuldbuchs hat den Zweck, das Forderungsrecht, welches die Staatsgläubiger durch den Erwerb von Schuldverschreibungen der preußischen konsolidirten Anleihen (zu 4 und zu 3½ Prozent) erlangt haben, dadurch zu sichern, daß dies ihr Recht sowohl in Betreff des Kapitals als in Betreff der halbjährlich zahlbaren Zinsen von dem Besitz der über die Forderung ausgestellten Urkunden unabhängig wird. Der Gläubiger soll sich in vollem Umfange gegen die Gefahr schützen können, durch den zufälligen Verlust der Schuldverschreibung oder der Zinsscheine das Forderungsrecht selbst einzubüßen. In Betreff der Zinsscheine (Kupons) ist diese Gefahr besonders erheblich, da sie weder außer Kurs gesetzt, noch im Fall des Verlustes oder Diebstahls gerichtlich für kraftlos erklärt werden können. Aber auch in Betreff der Schuldverschreibungen gewährt die Möglichkeit, sie außer Kurs zu setzen, das wünschenswerthe Maß von Sicherheit nicht, denn das Papier kann, selbst wenn es außer Kurs gesetzt ist, von einem Dritten, als ihm abhanden gekommen, aufgeboten und für kraftlos erklärt werden, wogegen durch beständige Achtsamkeit auf die zum Zwecke des Aufgebots ergehenden Bekanntmachungen Vorkehr getroffen werden müßte. Die Vermerke der Außerkurssetzung können ohne zurückbleibende Spuren beseitigt, eine Wiederinkurssetzung kann gefälscht werden.

Das Staatsschuldbuch bietet die Möglichkeit, sich gegen diese Gefahren der Inhaberpapiere zu schützen. Auf den Inhaber lautende Zinsscheine werden für die Buchforderungen nicht ausgegeben. Das zur Einlösung der Zinsscheine halbjährlich nothwendige Abschneiden derselben und das Erneuern der Zinsscheinbogen gegen Rückreichung der Talons wird erspart. An dem hergebrachten Modus der Begebung der Staatsschulden ist durch die Einrichtung des Buchs nichts geändert.

Nur der Besitz umlaufsfähiger Effekten der oben genannten Anleihen, nicht die Einlieferung anderer Werthpapiere oder die Einzahlung baaren Geldes, berechtigt zur Eintragung. Der Einlieferer der genannten Konsols aber kann beantragen, daß entweder sein Name oder daß der Name eines Dritten als Gläubiger im Buche eingetragen werde. Die Eintragung erfolgt auf besonderen, für die Gläubiger angelegten Konten. Der Gläubiger kann später Zu- und Abschreibungen auf seinem Konto vornehmen lassen. Er behält das freie Verfügungsrecht über seine Forderung; Vermerke im Schuldbuch zu Gunsten eines Dritten, welche die Rechte des Gläubigers beschränken, sind zulässig (Nießbrauch, Pfandrecht u. a.). Die Abtretung der Buchforderung an eine andere Person kann durch Uebertragung auf ein für die Letztere neu anzulegendes oder bereits angelegtes Konto erfolgen. Gegen Löschung der Forderung im Buche können von dem Berechtigten jederzeit neue Inhaberpapiere derselben Gattung wie die früher eingelieferten verlangt werden.

Erster Abschnitt.

Allgemeine Bestimmungen.

§. 1.

Das Staatsschuldbuchbüreau. Pflicht der Beamten zum Stillschweigen über den Inhalt des Buchs.

Die Bearbeitung der Angelegenheiten des Staatsschuldbuchs erfolgt durch die Hauptverwaltung der Staatsschulden, die Führung des Buchs in einem besonderen Büreau derselben, dem Staatsschuldbuchbüreau.

Alle schriftlichen Anträge, Anfragen und Gesuche in Angelegenheiten des Buchs sind zu adressiren·

An
die Hauptverwaltung der Staatsschulden
(Schuldbuchbüreau)
Berlin S. W.
frei. Oranienstraße 92/94.

Beziehen sie sich auf ein schon angelegtes Konto, so ist in dem Gesuch u. s. w. die Nummer dieses Kontos und die Abtheilung des Buchs anzugeben.

Die Beamten des Büreaus sind auch zur persönlichen Annahme von Anträgen und zur mündlichen Erledigung von Anfragen werktäglich von 9 bis 1 Uhr, mit Ausnahme der letzten beiden Geschäftstage jeden Monats, bereit.

Den Beamten des Büreaus ist das unverbrüchlichste Stillschweigen über die zu ihrer Kenntniß gelangenden Vermögensangelegenheiten der Buchgläubiger ausdrücklich zur Pflicht gemacht.

§. 2.

Einrichtung des Staatsschuldbuchs.

Es wird ein Buch für die Gläubiger der 4prozentigen und getrennt davon ein Buch für die Gläubiger der 3½prozentigen konsolidirten Staatsanleihe geführt.

Jedes dieser Bücher zerfällt in 6 Abtheilungen:

I für physische Personen,

II für Handelsfirmen,

III für eingetragene Genossenschaften,

IV für eingeschriebene Hülfskassen,

V für juristische Personen,

zu III bis V, sofern sie im Gebiete des Deutschen Reichs ihren Sitz haben,

VI für Vermögensmassen ohne juristische Persönlichkeit, wie Stiftungen, Anstalten, Familienfideikommisse, bestimmten Zwecken gewidmete Einzelfonds;

für derartige Massen jedoch nur dann, wenn ihre Verwaltung innerhalb des Gebiets des Deutschen Reichs von einer öffentlichen Behörde oder unter deren Aufsicht geführt wird.

Für jede Abtheilung werden in fortlaufender Nummernfolge soviel einzelne Konten angelegt, als Gläubiger einzutragen sind. In jedem der beiden Bücher darf der Gläubiger nur Ein Konto erhalten. Jedes Konto darf nur für Eine Person, Firma, Kasse oder Vermögensmasse angelegt sein. Das Muster für die Konten siehe Seite 33 und 34. Danach hat jedes Konto außer der Ueberschrift 4 Spalten:

Spalte 1 für den Betrag der Forderung,

» 2 für Abschreibungen,

» 3 für Beschränkungen des Gläubigers,

» 4 für Angabe des zum Zinsempfang Berechtigten, des Zahlungswegs, des Fälligkeitstermins und des halbjährlichen Zinsbetrages.

Von jedem Konto des Staatsschuldbuchs wird eine vollständige Abschrift gebildet, in fortgesetzter Uebereinstimmung mit der Urschrift gehalten und getrennt in einem besonderen Gebäude aufbewahrt. Die Abschrift wird spätestens eine Woche nach Herstellung der Urschrift niedergelegt.

§ 3

Wem ist die Benutzung des Buchs zu empfehlen?

Jeder Inhaber preußischer 4prozentiger oder 3½prozentiger Konsols kann von der Einrichtung des Staatsschuldbuchs Gebrauch machen. Zu empfehlen dürfte die Benutzung des Buchs jedem Besitzer der gedachten Konsols sein, welcher dieselben als dauernde Kapitalanlage betrachtet, von der Sorge um die Sicherheit der Aufbewahrung der Schuldverschreibungen und Zinsscheine befreit sein will und Werth auf eine möglichst einfache und zeitige Uebermittlung seiner Zinsen legt; für die Fälle aber, in denen er an Stelle der Buchforderung wieder Inhaberpapiere wünscht, die Mühe seiner Legitimation (§. 14) nicht scheut. Eine große Zahl von Privatpersonen des In- und Auslandes, sowie die Verwalter von inländischen Stiftungen, Fideikommissen, Mündelgeldern, Sparkassen, Kirchenkassen und anderen zur Eintragung geeigneten Vermögensmassen haben bereits vielfach die angedeuteten Vortheile anerkannt.

Am 1. Mai 1888 waren in dem Buch auf 6 041 Konten Forderungen in Höhe von zusammen 337 620 150 *M.* eingetragen. Von den Konten waren 3651 für physische, 936 für juristische Personen, 1426 für Vermögensmassen ohne juristische Persönlichkeit und 28 für andere Gläubiger angelegt.

Zur Sicherung der Mündelgelder machen die Vormünder und in Preußen auch die Gerichte von der Einrichtung Gebrauch, indem sie beantragen, daß für die Mündel, denen Konsols gehören, je ein Konto im Buch angelegt und auf demselben vermerkt wird, daß die Ausreichung neuer Konsols gegen Löschung des Kontos während der Dauer der Vormundschaft von der Genehmigung des Vormundschaftsgerichts abhängig sei (Verfügung des preuß. Justiz-Ministers vom 17. Dezember 1884, Just. Min. Bl. S. 283).

Auf Grund genereller Allerhöchster Genehmigung ist es auch gestattet, den für Offiziere vom Hauptmann zweiter Klasse u. s. w. abwärts bei Nachsuchung des Heirathskonsenses erforderlichen Vermögensnachweis durch eine in das Staatsschuldbuch eingetragene Buchschuld zu führen (Bekanntmachungen des preuß. Kriegs-Ministeriums vom 7. Mai 1885, Armee-Verordnungsblatt S. 107 und des Chefs der Admiralität vom 8. September 1886, Marine-Verordnungsblatt S. 189).

Amtskautionen können durch Verpfändung von Staatsschuldbuchforderungen bestellt werden (Erlaß des preuß. Finanz-Ministers vom 20. Oktober 1885, Minist. Bl. d. inneren Verw. S. 202).

Auskunft über den Inhalt des Buchs erhält nur der eingetragene Gläubiger, sein gesetzlicher Vertreter, sein Bevollmächtigter und sein Rechtsnachfolger von Todeswegen, sowie bezüglich eingetragener Genossenschaften, eingeschriebener Hülfskassen, juristischer Personen und Vermögensmassen die zur Revision der Kassen derselben berechtigte öffentliche Behörde oder Person und letztere auch nur, falls ihre Berechtigung zur Kassenrevision durch eine deutsche öffentliche Behörde bescheinigt ist.

§. 4.

Allgemeine Voraussetzung für die Umwandlung von Schuldverschreibungen in Buchschulden des Staats.

Die Umwandlung der Schuldverschreibungen in Buchschulden auf bestimmte Namen erfolgt gegen Einlieferung der Verschreibungen auf den Antrag des Inhabers durch Eintragung in das Buch.

Die Verschreibungen müssen zum Umlauf brauchbar, dürfen also nicht gerichtlich für kraftlos erklärt oder von einem Gericht mit Beschlag belegt sein. Befindet sich eine Außerkurssetzung darauf vermerkt, so muß auch der Vermerk ordnungsmäßiger Wiederinkurssetzung sich vorfinden. Die Umwandlung befleckter oder beschädigter Stücke ist zulässig, wenn nach dem Ermessen der Hauptverwaltung der Antragsteller sich als der rechtmäßige Besitzer der umzuwandelnden Schuldverschreibungen genügend ausgewiesen hat.

Jeder eingereichten Schuldverschreibung müssen die noch nicht fälligen Zinsscheine (Kupons) und der dazu gehörige Erneuerungsschein (Talon, Anweisung) beigefügt sein. Nur wenn eine Schuldverschreibung in demjenigen Monat eingereicht wird, welcher dem Fälligkeitstermine der Zinsen vorangeht, ist der nächstfällige Zinsschein nicht beizufügen.

Rechtsverhältniß nach der Umwandlung.

§. 5.

1. In Betreff der Forderung an Kapital und Zinsen.

Mit der Eintragung in das Staatsschuldbuch erlöschen die Rechte des Inhabers an den eingelieferten Verschreibungen; die Rechte des Gläubigers in Betreff des Kapitals und der Zinsen übt derjenige aus, der im Buch als Gläubiger oder Berechtigter verzeichnet ist.

Verfügungen des Gläubigers über die eingetragene Forderung, wie Abtretungen oder Verpfändungen, erlangen dem Staate gegenüber nur durch die Eintragung Wirksamkeit.

Im Uebrigen finden die für die 4prozentige und die 3½prozentige konsolidirte Anleihe geltenden Vorschriften, insbesondere also betreffs der Verwendbarkeit des Buchs zur Anlage von Mündelgeldern und zu Staatskautionen, auf die eingetragene Forderung entsprechende Anwendung.

Im Falle einer einstigen Kündigung der Anleihen seitens des Staats — zu welcher es eines Gesetzes bedarf — werden die eingetragenen Gläubiger schriftlich benachrichtigt. Die Wirksamkeit der Kündigung ist von dieser Benachrichtigung nicht abhängig.

§. 6

2. In Betreff der Zinsen insbesondere. Zahlung durch die Post — durch öffentliche Kassen — durch Gutschrift auf Reichsbank-Girokonto.

Die Zinsen der eingetragenen Buchforderungen werden in demselben Betrage und in denselben Fälligkeitsterminen wie die der eingelieferten Schuldverschreibungen, also entweder mit vier oder mit dreieinhalb vom Hundert und halbjährlich entweder in dem Januar- und Juli- oder in dem April- und Oktober-Termin mit rechtlicher Wirkung an denjenigen gezahlt, welcher am zehnten Tage des dem Fälligkeitstermine vorangehenden Monats im Schuldbuch als zum Empfang berechtigt eingetragen ist.

Aenderungen in der Person oder der Wohnung des Zinsempfängers oder Anträge auf eine Aenderung des Zinszahlungsweges können für den nächsten Fälligkeitstermin nur dann auf Berücksichtigung rechnen, wenn die Meldung oder der Antrag betreffs der Aenderung bis zum ersten Tage des diesem Termin voraufgehenden Monats bei der Hauptverwaltung der Staatsschulden eingegangen ist.

Die Hauptverwaltung der Staatsschulden bestimmt, auf welchem Wege die Zahlung erfolgen soll und berücksichtigt dabei thunlichst die Wünsche der Gläubiger.

Zulässige Zahlungswege sind:

1. die direkte Postsendung innerhalb des Deutschen Reichs seitens der Staatsschulden-Tilgungskasse in Berlin W. Taubenstraße 29, und zwar:

   für die nächstfälligen Januar—Juli-Zinsen zwischen dem 17. Juni und 8. Juli und zwischen dem 18. Dezember und 8. Januar;

für die nächstfälligen April — Oktober-Zinsen zwischen dem 18 März und 8. April und zwischen dem 17 September und 8 Oktober.

Die Sendung erfolgt auf Gefahr und Kosten des Berechtigten, jedoch stets entweder durch Postanweisung oder, wenn der jedesmalige Betrag 800 *M.* übersteigt und der Berechtigte die Postanweisung nicht ausdrücklich vorzieht, in ordnungsmäßig verschlossenem Briefe mit Werthangabe gegen Empfangsbestätigung.

Auch kann bei Benutzung von Postanweisungen verlangt werden, daß der Abgang der Sendung dem Empfangsberechtigten mittels besonderen Schreibens angezeigt werde. Auf besonderen Wunsch wird auch den Adressen der Empfänger der Zusatz »Eigenhändig« hinzugefügt.

2. die Abhebung bei einer der nachstehend angegebenen preußischen Kassen:
   a. bei der obengenannten Staatsschulden-Tilgungskasse vom 17 Juni und 18. Dezember bezw vom 18. März und 17. September ab,
   b. bei den Regierungs-Hauptkassen vom 24. Juni und Dezember bezw. März und September ab,
   c. bei den mit der Annahme direkter Staatssteuern außerhalb Berlins betrauten Kassen (Kreiskassen, Steuerkassen u. s. w.) vom 1. Juli und 2. Januar bezw. 1. April und 1. Oktober ab.
3. wenn dem zum Empfang der Zinsen Berechtigten ein Girokonto bei der Reichsbank eröffnet ist, die Gutschrift auf diesem Konto durch Vermittelung der Staatsschulden-Tilgungskasse.

Kommt eine Postsendung (oben zu 1) als unbestellbar zurück, so unterbleiben weitere Sendungen, bis der Gläubiger die richtige Adresse angezeigt hat.

Die Baarzahlung bei den Kassen (oben zu 2) geschieht nach Prüfung der Legitimation und Identität des Empfängers gegen dessen Quittung. Die Kassen sind verpflichtet, bei dieser Prüfung nach Maßgabe der allgemeinen Vorschriften gewissenhaft zu verfahren. Zu den für die 4 und 3½prozentigen Zinsen und für die einzelnen Fälligkeitstermine getrennt auszustellenden Quittungen sind Formulare zu benutzen, von denen dem Berechtigten das erste mit der von der Hauptverwaltung der Staatsschulden ausgehenden Benachrichtigung über die Eintragung des Kapitals in das Staatsschuldbuch zugesandt wird, die demnächst zu verwendenden später an der Zahlungsstelle verabreicht werden.

Wird die Baarzahlung bei einer der oben zu 2b und c genannten Kassen bis zum Ablauf des mit dem Fälligkeitstermine beginnenden Kalender-Quartals nicht erhoben, so wird der Empfangsberechtigte mit dem Betrage bei der Staatsschulden-Tilgungskasse auf eine Restliste gesetzt und die Zahlung kann alsdann erst erfolgen, sobald ein Antrag von dem Berechtigten an die Staatsschulden-Tilgungskasse direkt gerichtet wird. Die Zahlung geschieht demnächst nur durch Abhebung bei dieser Kasse oder mittels Postsendung.

Die Zinsen der Buchforderungen verjähren mit dem Ablauf von vier Jahren, vom Tage der Fälligkeit ab gerechnet.

Zweiter Abschnitt.

Wann und wie geschehen die einzelnen Eintragungen und Löschungen im Buch?

A. Eintragungen und Löschungen auf Antrag.

§. 7.

Allgemeine Vorschriften.

Die Eintragungen geschehen in derselben Reihenfolge, in welcher die auf dasselbe Konto bezüglichen Gesuche bei der Hauptverwaltung der Staatsschulden eingegangen sind, die Eintragungen und Löschungen so schnell, als es der Geschäftsgang irgend gestattet, in der Regel innerhalb drei Tagen, wenn Zwischenverfügungen sich nicht als nothwendig ergeben.

Zur Vermeidung von Zwischenverfügungen und damit von Verzögerungen der Eintragung ist es besonders wesentlich, daß, wo Formulare zu den Anträgen vorgeschrieben sind, diese vollständig und genau ausgefüllt, daß die Namen der einzutragenden Gläubiger und der zum Zinsempfang berechtigten Personen, sowie die Bezeichnung der Wohnorte und Wohnungen recht deutlich geschrieben, Vor- und Zunamen vollständig, bei Frauen auch der Geburtsname angegeben, daß endlich, wenn ein Vertreter, Bevollmächtigter oder Rechtsnachfolger des bereits eingetragenen Gläubigers Anträge stellt, die Urkunden sofort beigebracht werden, welche zu seiner Legitimation erforderlich sind.

Ebenso empfiehlt es sich, den Anträgen auf solche Einschriften, für welche Gebühren zu erheben sind (§. 20), den Betrag derselben (siehe den Tarif Seite 40) sogleich beizufügen. — Bedingung für die Erledigung der Anträge ist die Vorauszahlung der Gebühren in der Regel nicht.

Eine Prüfung der Gültigkeit der den Anträgen zu Grunde liegenden Rechtsgeschäfte geht den Eintragungen oder Löschungen nicht voraus, wohl aber eine Prüfung der vom Gesetz für die Anträge vorgeschriebenen Form und der Legitimation des Antragstellers. Die Vorschriften hierfür sind verschieden, je nach dem Inhalt der Anträge.

§. 8.

Form der Anträge auf Anlegung eines Kontos oder auf Zuschreibung bei gleichzeitiger Einlieferung von Schuldverschreibungen.

Zu Anträgen auf Anlegung eines Kontos oder Zuschreibung eines Kapitals auf einem schon angelegten

Konto bei gleichzeitiger Einlieferung von Schuldverschreibungen genügt schriftliche Form, d. h. die eigenhändige Unterschrift des Einlieferers ohne besondere Zeugnisse über die Legitimation desselben und ohne besondere Beglaubigung der Unterschrift. Nur wenn die Eintragung auf den Namen einer juristischen Person, einer Handelsfirma, einer eingetragenen Genossenschaft oder eingeschriebenen Hülfskasse erfolgen soll, ist die rechtliche Existenz des Gläubigers durch eine vorschriftsmäßige öffentliche Urkunde nachzuweisen, falls dieselbe nicht notorisch ist. Dies gilt insbesondere auch von Sparkassen, Wittwenkassen, Krankenkassen u. a. In Bezug auf den einzutragenden oder zuzuschreibenden Kapitalbetrag und die Zinsen kann gleichzeitig in der bezeichneten Form einem Dritten Vollmacht ertheilt, auch beantragt werden, in Spalte 3 des Kontos eine Beschränkung des einzutragenden Gläubigers in Bezug auf Kapital oder Zinsen und in Spalte 4 eine dritte Person als zum Zinsempfang berechtigt zu vermerken. Wesentlich ist, daß die Personen des Gläubigers, seines etwaigen gesetzlichen Vertreters oder Bevollmächtigten und des Zinsempfangsberechtigten so deutlich angegeben sind, daß spätere Verwechselungen mit anderen Personen von vornherein ausgeschlossen werden.

Die Anträge und die Verzeichnisse der Schuldverschreibungen sind nach den Mustern einzurichten, welche Seite 35 bis 39 abgedruckt stehen.

Formulare sind von dem Staatsschuldbuchbüreau in Berlin und außerhalb Berlins von jeder Königlichen Kasse, welche mit Zahlung von Buchschuldzinsen betraut ist (siehe §. 6), unentgeltlich zu beziehen.

Wer 4prozentige und 3½prozentige Konsols gleichzeitig einreicht, hat für jede Gattung ein besonderes Antragsformular und Verzeichniß zu verwenden.

Ueber Zahl und Nennbetrag der eingelieferten Werthpapiere erhält der Einlieferer sofort nach dem Eingange einen von dem Rendanten und Oberbuchhalter des Büreaus oder von deren Vertretern unterschriebenen Empfangschein.

Wird die Eintragung eines Minderjährigen als Gläubiger beantragt, so ist zur genauen Bezeichnung desselben dessen Geburtstag und Geburtsort, andernfalls aber der Name, Stand oder Beruf und letzte Aufenthaltsort seines Vaters, in allen Fällen sein gesetzlicher Vertreter (Vater, Vormund u. s. w.) anzugeben.

Was außerdem noch bei Ausfüllung der Formulare im Einzelnen zu beachten, ist auf einem jeden derselben abgedruckt.

§. 9.

Zulässigkeit der Anträge auf Eintragung von Beschränkungen des Gläubigers zu Gunsten eines Dritten. Verpfändung. Nießbrauch.

Wird beantragt, in Spalte 3 des Kontos eine Beschränkung des Gläubigers in der Verfügung über das eingetragene Kapital oder über die Zinsen zu vermerken, so muß der Umfang und der Rechtsgrund der Beschränkung, sowie die Person, zu deren Gunsten die Beschränkung beabsichtigt ist, aus dem Antrage genau ersichtlich sein. Unzulässig ist ein Vermerk, welcher das Gläubigerrecht nicht nur beschränken, sondern aufheben würde. Letztwillige Verfügungen können in rechtswirksamer Weise durch Eintragungsanträge nicht zu Stande kommen.

Die am häufigsten vorkommenden Anträge auf Eintragung einer Beschränkung des Gläubigers in Spalte 3 des Kontos sind nach den bisherigen Erfahrungen folgende:

1. Oft soll die Hauptverwaltung der Staatsschulden verpflichtet werden, nicht ohne Zustimmung eines Dritten Aenderungen im Konto betreffs des Kapitals oder der Zinsen vorzunehmen. In diesem Fall empfiehlt sich für den Antrag folgende Fassung:

Ich beantrage, in Spalte 3 des Kontos zu vermerken:

Die Verfügung über die eingetragene Forderung oder einen Theil derselben (über eine Aenderung der Zinszahlung) bedarf der Genehmigung des .... (Stand, Vor- und Zuname, Wohnort und Wohnung).

Hierher gehören auch die Fälle, in denen klar gestellt werden soll, daß an Stelle des Gläubigers, weil er entmündigt oder minderjährig ist oder aus andern Gründen, sein gesetzlicher Vertreter zur Verfügung über das Kapital oder zu Aenderungen in Betreff des Zinsenempfängers befugt sei.

2. Nicht selten soll der Vormund des Gläubigers gemäß §. 60 der preußischen Vormundschaftsordnung vom 5. Juli 1875 beschränkt werden, indem das Vormundschaftsgericht durch §. 24 des Gesetzes vom 20. Juli 1883 ermächtigt ist, anzuordnen, daß die Eintragung der dem Mündel gehörigen Konsols auf dessen Namen im Staatsschuldbuche beantragt werde.

Für solche Fälle ist folgende Fassung des Antrages die einfachste:

Ich beantrage, in Spalte 3 des Kontos zu vermerken:

Die Ausreichung von Staatsschuldverschreibungen gegen Löschung der eingetragenen Forderung oder eines Theils derselben bedarf der Genehmigung des Vormundschaftsgerichts (jetzt des Amtsgerichts in ......).

3. Es soll vermerkt werden, daß einem Dritten ein Nießbrauchsrecht an der eingetragenen Forderung eingeräumt sei. Dann genügt im Allgemeinen, einen Vermerk dahin zu beantragen:

Den lebenslänglichen Nießbrauch von ..... *M.* hat der .... (Stand, Vor- und Zuname, Wohnort und Wohnung).

4. Soll aber einem Dritten der Nießbrauch an der Forderung erst vom Todestage des Gläubigers ab — unabhängig von dem Erbrechte anderer Personen — sichergestellt werden, so würde zu sagen sein:

Ich beantrage, in Spalte 3 des Kontos zu vermerken:

Den lebenslänglichen Nießbrauch von .... *M.* hat vom Todestage des Gläubigers ab der .... (Stand, Vor- und Zuname, Wohnort, Wohnung).

5. Wenn mit der Forderung eine Amtskaution bestellt werden soll, wäre der Antrag dahin zu fassen:

Es wird beantragt, in Spalte 3 des Kontos folgenden Vermerk einzutragen:

Die Forderung von .... *M.* ist dem Staate als Amtskaution verpfändet und haftet für alle von dem Gläubiger aus seiner Amtsführung zu vertretenden Schäden und Mängel an Kapital und Zinsen, sowie an gerichtlichen und außergerichtlichen Kosten der Ermittelung des Schadens.

§. 10.

Zulässigkeit der Anträge auf Zahlung der Zinsen an einen Dritten.

In Spalte 4 können als zum Zinsempfange berechtigt auch andere Personen (Firmen oder Kassen), wie der eingetragene Gläubiger, für einen bestimmten Betrag aber kann nur Eine Person vermerkt werden. Eine Ausnahme von der letzteren Bestimmung ist zulässig, wenn die Zinsen bei einer zu ihrer Zahlung ermächtigten Kasse (s §. 6) abgehoben werden sollen. Es dürfen in diesen Fällen zwei Personen (A oder B) als alternativ zu deren Empfang berechtigt vermerkt werden. Bei Sendung der Zinsen durch die Post und im Fall ihrer Gutschrift auf Reichsbank-Girokonto ist ein solcher Vermerk nicht statthaft

§. 11.

Verfügung der Eintragung.

Entsprechen die Anträge vorstehenden Andeutungen der §§. 8 bis 10, so geschieht die Anlegung des Kontos auf den Namen der von dem Einlieferer der Schuldverschreibungen in dem Antrage als Gläubiger bezeichneten Person, und wenn die letztere schon ein Konto in dem Buche für die betreffende Anleihe besitzt, die Zuschreibung auf diesem Konto in Spalte 1, 3 und 4

In Ermangelung anderer Bestimmung des Antragstellers wird ein in Spalte 4 eingetragener Dritter so lange als zum Empfang der Zinsen berechtigt angesehen, bis auf Antrag des Gläubigers oder seines Rechtsnachfolgers der betreffende Vermerk wieder gelöscht ist

§. 12.

Form der Anzeigen von Aenderungen in der Person des Gläubigers. Form des Widerrufs einer Vollmacht. Form des Antrags auf Aenderung des Zahlungsweges für die Zinsen

Die einfache schriftliche Form genügt ferner für folgende Anzeigen und Anträge:

1. für die Anzeige von Aenderungen in der Person oder der Wohnung des Gläubigers oder des Zinsempfängers (Verheirathung einer Frau, Aenderung des Standes oder Gewerbes, Wohnorts oder Wohnung), bei welchen also die Person des Berechtigten an sich dieselbe bleibt. Die Richtigkeit ist auf Verlangen durch eine öffentliche Urkunde darzuthun;
2. für den Widerruf einer Vollmacht und insbesondere für Anträge des Gläubigers oder des Nießbrauchers auf Zahlung der Zinsen an ihn

selbst, statt an die bisher auf dem Konto in Spalte 4 als empfangsberechtigt bezeichnete Person, vorausgesetzt, daß aus Spalte 3 keine Beschränkung des Antragstellers in dieser Richtung erhellt;

3. für Anträge auf Aenderung des Zinszahlungsweges (Post oder Kasse) ohne Aenderung des Empfangsberechtigten

§. 13.

Form anderer Anträge als der in den §§. 8 und 12 erwähnten. Form einer nach Eintragung einer Forderung ertheilten Vollmacht zur Verfügung über die Forderung.

Andere als die im Eingang des §. 8 und im §. 12 erwähnten Anträge, insbesondere also Anträge:

1. auf nachträgliche Eintragung einer Beschränkung oder auf Löschung einer Beschränkung in der Spalte 3 eines Kontos,
2. auf nachträglichen Vermerk eines anderen Zinsempfangsberechtigten in Spalte 4 an Stelle des eingetragenen,
3. auf theilweise oder gänzliche Uebertragung der eingetragenen Forderung auf ein anderes Konto,
4. auf erneute Ausfertigung und Ausreichung von Staatsschuldverschreibungen gegen Löschung der eingetragenen Forderung oder eines Theils derselben, sowie
5. nachträgliche Vollmachten für einen Dritten zur Verfügung über die Forderung

müssen, wenn sie nicht von öffentlichen Behörden ausgehen, gerichtlich oder notariell oder von einem Konsul des Deutschen Reichs aufgenommen oder beglaubigt sein. Anträge und Urkunden öffentlicher Behörden bedürfen, wenn sie ordnungsmäßig unterschrieben und untersiegelt sind, keiner Beglaubigung.

Sind seit der Eintragung Aenderungen in der Person des Gläubigers (Verheirathung einer Frau, Aenderungen des Gewerbes, Standes, Namens, Wohnorts) eingetreten, so kann außerdem verlangt werden, daß die Identität durch eine öffentliche Urkunde dargethan werde.

Denselben Formvorschriften unterliegen Erklärungen, welche ein Dritter abgiebt, zu dessen Gunsten der eingetragene Gläubiger in Bezug auf die Forderung oder deren Zinserträgnisse durch einen Vermerk im Staatsschuldbuch beschränkt ist, wenn der Antrag des Gläubigers von ihm, wie erforderlich, genehmigt werden soll.

Der Antrag eines Taubstummen, Blinden, Schreibunkundigen oder einer der deutschen Sprache nicht mächtigen Person bedarf zu seiner Gültigkeit der für die Verträge solcher Personen vorgeschriebenen Form.

§. 14.

Legitimation des Antragstellers bei Anträgen der im §. 13 bezeichneten Art. Rechtsnachfolger von Todeswegen.

Bei den im §. 13 bezeichneten Anträgen tritt außerdem eine Prüfung der Legitimation des Antragstellers nach folgenden Vorschriften ein.

Zur Stellung solcher Anträge sind nur der eingetragene Gläubiger, seine gesetzlichen Vertreter und Bevollmächtigten, sowie diejenigen Personen berechtigt, auf welche die eingetragene Forderung von Todeswegen übergegangen ist.

Ehefrauen und großjährige Personen unter väterlicher Gewalt werden zu Anträgen ohne Zustimmung des Ehemanns bezw. Vaters zugelassen.

Zur Stellung von Anträgen für eine Firma gilt für berechtigt, wer zur Zeichnung der Firma berechtigt ist; zur Stellung von Anträgen für Vermögensmassen ohne juristische Persönlichkeit die Behörde, welche deren Verwaltung führt oder beaufsichtigt, oder die von derselben bezeichnete Person.

Die Vertreter der Handelsfirmen, der eingetragenen Genossenschaften und der eingeschriebenen Hülfskassen haben bei Stellung der Anträge durch eine öffentliche

Urkunde den Nachweis zu erbringen, daß die Antragsteller zur Zeichnung für die Firma bezw. zur Vertretung der Genossenschaft oder Kasse legitimirt sind.

Gesetzliche Vertreter haben mit den Anträgen event. ihre Legitimation als solche (Bestallung ꝛc.), Bevollmächtigte ihre Vollmacht vorzulegen.

Rechtsnachfolger von Todeswegen haben sich, sofern ihre Berechtigung auf der gesetzlichen Erbfolge beruht, durch eine Bescheinigung als Erben, sofern dieselbe auf letztwilliger Verfügung beruht, durch eine Bescheinigung darüber auszuweisen, daß sie über die eingetragene Forderung zu verfügen befugt sind.

Zur Ausstellung der vorgedachten Bescheinigungen ist dasjenige Gericht, bei welchem der Erblasser zur Zeit seines Todes seinen ordentlichen Gerichtsstand hatte, und sofern derselbe im Deutschen Reich einen solchen nicht hatte, derjenige Konsul des Deutschen Reichs, in dessen Amtsbezirk der Erblasser zur Zeit seines Todes seinen Wohnsitz oder gewöhnlichen Aufenthalt gehabt hat, falls dem Konsul von dem Reichskanzler die Ermächtigung zur Ausstellung solcher Bescheinigungen ertheilt ist, und, in Ermangelung eines hiernach zuständigen Konsuls, sowie im Falle der Ablehnung des zuständigen deutschen außerpreußischen Gerichts, das Amtsgericht I in Berlin zuständig.

Mehrere Erben haben zur Stellung von Anträgen und zur Empfangnahme von Schuldverschreibungen eine einzelne Person zum Bevollmächtigten zu bestellen.

Den Anträgen der Rechtsnachfolger von Todeswegen müssen die erwähnte Bescheinigung und die Vollmacht beiliegen.

§. 15.

Löschung einer Beschränkung des Gläubigers insbesondere.

Den Anträgen auf Löschung einer Beschränkung in Spalte 3 des Kontos ist die im §. 13 bezogene Genehmigungserklärung derjenigen Personen, zu deren

Gunsten der eingetragene Gläubiger beschränkt ist, und bei persönlichen unvererblichen Einschränkungen des Gläubigerrechts oder des Verfügungsrechts, welche durch den Tod des Berechtigten erloschen sind, die Sterbeurkunde (der Todtenschein) des letzteren beizufügen. In letzterem Fall wird durch die Löschung das Recht auf den Bezug rückständiger Leistungen nicht berührt

§. 16

Uebertragung auf ein anderes Konto. Theillöschungen. Löschungen gegen Ausreichung neuer Schuldverschreibungen.

Außerdem bleibt für die im §. 13 unter den Nummern 3 und 4 aufgeführten Anträge Folgendes zu beachten:

Uebertragungen auf ein anderes Konto sind nur in sofern zulässig, als dies Konto in dem Schuldbuch für die gleichhoch verzinsliche Anleihe angelegt ist oder angelegt werden soll.

Theilübertragungen und Theillöschungen sind nur zulässig, sofern sowohl die Beträge, deren Uebertragung oder Löschung beantragt wird, als auch die Restbeträge, über welche eine Verfügung nicht stattfinden soll, in Schuldverschreibungen der betreffenden konsolidirten Anleihe darstellbar sind. Dies gilt für jedes Konto, und außerdem betreffs der 4prozentigen Anleihe bei dem einzelnen Konto für jeden Posten besonders, wenn es sich um Forderungen handelt, welche aus mehreren, zu verschiedenen Terminen verzinslichen Posten (Januar–Juli und April–Oktober) zusammengesetzt sind. Demgemäß ist bei Anträgen auf Theilübertragungen und Theillöschungen zu einem Konto der 4prozentigen Anleihe mit verschiedenen Zinsterminen auch anzugeben, ob die Uebertragung oder Löschung eines Theilbetrages mit Januar–Juli- oder mit April–Oktober-Zinsen gewünscht wird.

Wird beantragt, daß eine eingetragene Forderung ganz oder theilweise gegen Ausreichung von Schuldverschreibungen der entsprechenden konsolidirten Anleihe zu gleichem Nennwerthe gelöscht werden soll, so geschieht mit der Löschung die Ausreichung an den dazu von der Hauptverwaltung der Staatsschulden legitimirt befundenen Berechtigten durch die von ihr bestimmte Kasse nach Prüfung der Identität des Berechtigten gegen Quittung.

Hat der Berechtigte die Zusendung durch die Post innerhalb des Deutschen Reichs in der § 13 Absatz 1 angegebenen beglaubigten Form beantragt, so ist die Hauptverwaltung der Staatsschulden ermächtigt, diesem Antrage zu entsprechen. Die Sendung geschieht alsdann auf Gefahr und Kosten des Berechtigten. Der Posteinlieferungsschein dient bis zum Eingang der Quittung als Rechnungsbelag

Postsendungen, welchen Inhaberpapiere beiliegen, werden nach dem vollen Werthe deklarirt, insofern nicht der Berechtigte in beglaubigter Form (§. 13 Absatz 1) eine minderwerthige Deklarirung beantragt hat.

B. Eintragungen und Löschungen von Amtswegen.

§. 17.

Gerichtliche Pfändung rc Ueberweisung an Zahlungsstatt.

Von Amtswegen ist auf dem Konto in Spalte 3 zu vermerken: eine im Wege der Zwangsvollstreckung oder des Arrestes erfolgte Pfändung oder vorläufige Beschlagnahme der Forderung und eine durch eine einstweilige gerichtliche Verfügung angeordnete Beschränkung des eingetragenen Gläubigers. Ist die gepfändete Forderung einem Dritten an Zahlungsstatt überwiesen, so wird dieselbe auf ein für diesen angelegtes oder noch anzulegendes Konto übertragen.

§. 18.

Ermächtigung der Hauptverwaltung der Staatsschulden zur Löschung einer Forderung und Hinterlegung der Staatsschuldverschreibungen.

Die Hauptverwaltung der Staatsschulden kann die von Amtswegen bewirkte Eintragung einer Beschränkung in Spalte 3 im Interesse der Uebersichtlichkeit des Staatsschuldbuchs als Anlaß nehmen zur Löschung des ganzen Kontos mit folgender Maßgabe. Durch das Gesetz vom 20. Juli 1883 ist die Hauptverwaltung nämlich ermächtigt, in folgenden 5 Fällen von Amtswegen auf Kosten des Gläubigers eine eingetragene Forderung zu löschen und die dagegen auszufertigenden Schuldverschreibungen an die Hinterlegungsstelle in Berlin auszuliefern:

1. wenn die Eintragung von Verpfändungen oder sonstigen Verfügungsbeschränkungen beantragt wird;
2. wenn die Forderung ganz oder theilweise im Wege der Zwangsvollstreckung oder des Arrestes gepfändet oder eine einstweilige gerichtliche Verfügung über dieselbe getroffen ist;
3. wenn über das Vermögen des eingetragenen Gläubigers der Konkurs eröffnet worden ist;
4. wenn die Zinsen des eingetragenen Kapitals 10 Jahre hintereinander nicht abgehoben worden sind;
5. wenn glaubhaft bekannt geworden ist, daß der Gläubiger vor länger als 10 Jahren verstorben ist und ein Rechtsnachfolger sich nicht legitimirt hat.

Die hinterlegten Schuldverschreibungen treten in allen rechtlichen Beziehungen an die Stelle der gelöschten Forderung. Der Hinterlegungsstelle werden Abschrift des gelöschten Kontos und die auf das Konto bezüglichen Akten unter gleichzeitiger Benachrichtigung der Betheiligten mitgetheilt.

§. 19.

C. Benachrichtigungen über erfolgte Eintragungen oder Löschungen.

Ueber die Eintragung von Forderungen und Vermerken, sowie über die verfügte Auslieferung von Schuldverschreibungen an Stelle zur Löschung gelangter

Forderungen wird dem Antragsteller und, falls der Berechtigte ein Anderer ist, auch diesem eine Benachrichtigung ertheilt. Auf jedes Benachrichtigungsschreiben über Eintragung einer Buchforderung wird in einer besonders in die Augen fallenden Form der Vermerk gesetzt:

Dies Schriftstück gilt nicht als eine über die Forderung ausgestellte Verschreibung.

Besondere Verschreibungen werden über Buchforderungen nicht ausgefertigt.

Die Mittheilung der Benachrichtigungsschreiben geschieht mittels verschlossener Briefe durch die Post, und sofern es besonders beantragt wird, mit der Bezeichnung: »Einschreiben«.

§. 20.

D. Gebühren.

An Gebühren werden erhoben:

1. für die Umwandlung von Staatsschuldverschreibungen in Buchschulden des Staats, sowie für sonstige Eintragungen und Löschungen, jede Einschrift in das Staatsschuldbuch besonders gerechnet, 25 Pfennig von je angefangenen 1 000 ℳ. des Betrages, über den verfügt wird, zusammen mindestens 1 ℳ.;
2. für die Ausreichung von Staatsschuldverschreibungen für je angefangene 1 000 ℳ. Kapitalbetrag 50 Pfennig, zusammen mindestens 1 ℳ.

Als Eine Einschrift gelten die mittels der gleichen Verfügung auf Einem Konto bewirkten Eintragungen und Löschungen.

Die laufende Verwaltung und Vermerke über Bevollmächtigungen, über Aenderungen in der Person oder der Wohnung des eingetragenen Gläubigers oder Zinsberechtigten, sowie über Aenderungen des Zinszahlungsweges sind gebührenfrei.

Die Gebühren werden von dem Antragsteller, soweit nöthig, im Verwaltungszwangsverfahren eingezogen. Auch kann die Vorausbezahlung der Gebühren gefordert werden.

Den Tarif siehe Seite 40.

An Gebühren für die gerichtliche oder notarielle Beglaubigung der Anträge in Schuldbuchsachen (§§. 13, 14) sind zu erheben:

bei Beträgen bis 2 000 *M.* ..... 1 *M.* 50 Pf.
bei Beträgen über 2 000 *M.* .... 3 *M.*

Anhang.

1. Muster zu den Konten des Staatsschuldbuchs.

a. für eine 4 prozentige Buchschuld.

Konto № Gläubiger:

Aenderungen in der Person des Gläubigers:

(Behörde, welche die Verwaltung der Masse führt — beaufsichtigt —.)

1.		2.						3.	4.	
Betrag der Forderung		Abschreibungen						Beschränkungen des Gläubigers	Die Zinsen zu empfangen ist berechtigt:	
		a. Uebertragen auf das Konto:			b. Umgewandelt in 4 prozentige konsolidirte Staatsschuldverschreibungen:					
ℳ		Abtheilung	Nummer	ℳ	Litr.	Nummer	Betrag ℳ			halbjährlich mit ℳ

b. für eine 3½prozentige Buchschuld.

3½ prozentige Buchschuld.

Konto № Gläubiger:

Aenderungen in der Person des Gläubigers:

(Behörde, welche die Verwaltung der Masse führt — beaufsichtigt —.)

1.		2.						3.	4.		
Betrag der Forderung		Abschreibungen						Beschränkungen des Gläubigers	Die Zinsen zu empfangen ist berechtigt:		
		a. Uebertragen auf das Konto:			b. Umgewandelt in 3½ prozentige konsolidirte Staatsschuldverschreibungen:						
M.		Abtheilung	Nummer	M.	Litr.	Nummer	Betrag M.			halbjährlich mit M.	Pf.

2. Muster zu Anträgen auf Anlegung eines Kontos gegen Einlieferung von Schuldverschreibungen.

An
die Hauptverwaltung der Staatsschulden
(Schuldbuchbüreau)
Berlin S. W.
frei. Oranienstraße 92/94.

.................., den ....ten .... 18........

Die Hauptverwaltung der Staatsschulden erhält hierbei die in dem anliegenden Verzeichniß aufgeführten .... Stück Schuldverschreibungen der preußischen konsolidirten ...... prozentigen Staatsanleihe über zusammen .... ℳ, schreibe (in Worten) .... Mark, nebst den dazu gehörigen Zinsscheinen über die seit 1. .... 18........ laufenden Zinsen und den Anweisungen zur Abhebung neuer Zinsscheine mit dem Antrage:

1. die gedachten .... ℳ auf den Namen:*)

....

....

....

in das Staatsschuldbuch einzutragen;

---

*) Hier sind Vor- und Familiennamen, bei Frauen zugleich der Geburtsname, Beruf oder Stand, Wohnort und Wohnung so vollständig und so deutlich anzugeben, daß spätere Verwechselungen und Irrthümer thunlichst vermieden werden.

2. die fälligen Zinsen durch die Post (durch die Königliche .... Kasse in ....)
an*) .... wohnhaft in ....
Straße Nr. .... zahlen zu lassen.
**)

....

....

....

---

*) S. die Bemerkung auf der vorigen Seite.

**) Der Schluß dieser und die folgende Seite sind zu benutzen für die etwaigen Beschränkungen des Gläubigers in Bezug auf das Kapital oder die Zinserträgnisse, welche eingetragen werden sollen (wie z. B. Verpfändungen, Nießbrauchsbestellungen u. a.).

Wenn eine Vermögensmasse ohne juristische Persönlichkeit als Gläubiger einzutragen ist, so muß auch die Behörde nebst deren Wohnsitz genau angegeben werden, welche die Verwaltung oder die Aufsicht über die Verwaltung der Masse führt.

Soll die Eintragung auf den Namen einer juristischen Person, einer Handelsfirma, einer eingetragenen Genossenschaft, einer eingeschriebenen Hülfskasse erfolgen, so ist die rechtliche Existenz des Gläubigers durch eine vorschriftsmäßige öffentliche Urkunde nachzuweisen.

Am Schluß ist der obige Antrag vom Antragsteller zu unterschreiben.

3. Muster zu Anträgen auf Zuschreibung gegen Einlieferung von Schuldverschreibungen.

An
die Hauptverwaltung der Staatsschulden
(Schuldbuchbüreau)

Berlin S. W.
frei. Oranienstraße 92/94.

.........................., den ....ten .... 18...........

Die Hauptverwaltung der Staatsschulden erhält hierbei die in dem anliegenden Verzeichniß aufgeführten .... Stück Schuldverschreibungen der preußischen konsolidirten .... prozentigen Staatsanleihe über zusammen .... M., schreibe .... Mark,
nebst den dazu gehörigen Zinsscheinen über die seit 1. .... 18.......... laufenden Zinsen und den Anweisungen zur Abhebung neuer Zinsscheine mit dem Antrage:

1. die gedachten .... M. zusätzlich auf das Konto: .... der Abtheilung .... de ....
....
....
....

in das Staatsschuldbuch einzutragen;

2. die fälligen Zinsen durch die Post — durch die Königliche .... Kasse in ....
an d..

....

....

wohnhaft in .... Kreis ....
.... Straße Nr. ....

zahlen zu lassen.

4. Muster für die Verzeichnisse der zur Umwandlung eingelieferten Schuldverschreibungen.

Verzeichniß

der mit Antrag des .... vom .... ten .... 18...... eingelieferten Schuldverschreibungen der preußischen konsolidirten ...... prozentigen Staatsanleihe.

Spalte 1. Spalte 2.

Laufende Nr.	Litt.	Nummern	Betrag des einzelnen Stücks M.	Betrag für jeden Werthabschnitt M.	Laufende Nr.	Litt.	Nummern	Betrag des einzelnen Stücks M.	Betrag für jeden Werthabschnitt M.
1	A	2 473	5 000				(Soweit die Spalte 1 nicht ausreicht, sind die Spalten 2 und folgende zu benutzen.)		
2	»	2 474	5 000	10 000					
3	B	4 673	2 000						
4	»	10 380	2 000						
5	»	11 760	2 000	6 000					
6	C	70 536	1 000	1 000					
7	D	19 216	500						
8	»	20 355	500	1 000					
9	E	18 309	300						
10	»	20 576	300						
11	»	30 682	300	900					
12	F	7 809	200						
13	»	90 643	200						
14	»	110 948	200	600					
							Betrag	.	.
							Uebertrag der Spalte 1	.	19 500
		Betrag		19 500			Gesammtbetrag der Spalten 1 und 2	.	19 500

NB. 1. Die Schuldverschreibungen der 4prozentigen konsolidirten Anleihe sind nach den verschiedenen Zinsterminen (Januar-Juli, April-Oktober) und innerhalb dieser beiden Arten nach den Littern, für jede Littera aber nach der Nummernfolge, die Schuldverschreibungen der $3\frac{1}{2}$prozentigen Anleihe sind nach den Littern und für jede Littera nach der Nummernfolge zu ordnen.

2. Bei jeder Schuldverschreibung müssen die dazu gehörigen Zinsscheine nebst Anweisung liegen. Nur wenn eine Schuldverschreibung in demjenigen Monat eingereicht wird, welcher dem Fälligkeitstermine der Zinsen vorangeht, ist der nächstfällige Zinsschein nicht beizufügen.

5. Gebührentarif.

Es werden erhoben:		
wenn verfügt wird über ein Kapital	für jede Einschrift in das Staatsschuldbuch.	für die Ausreichung neuer Konsols und für die damit verbundene Löschung der Buchforderung.
bis 2 000 *M.*	1,00 *M.*	2,00 *M.*
von mehr als 2 000 » 3 000 »	1,00 »	2,50 »
» » » 3 000 » 4 000 »	1,00 »	3,00 »
» » » 4 000 » 5 000 »	1,25 »	3,75 »
» » » 5 000 » 6 000 »	1,50 »	4,50 »
» » » 6 000 » 7 000 »	1,75 »	5,25 »
» » » 7 000 » 8 000 »	2,00 »	6,00 »
» » » 8 000 » 9 000 »	2,25 »	6,75 »
» » » 9 000 » 10 000 »	2,50 »	7,50 »
» » » 10 000 » 11 000 »	2,75 »	8,25 »
» » » 11 000 » 12 000 »	3,00 »	9,00 »
» » » 12 000 » 13 000 »	3,25 »	9,75 »
» » » 13 000 » 14 000 »	3,50 »	10,50 »
» » » 14 000 » 15 000 »	3,75 »	11,25 »
» » » 15 000 » 16 000 »	4,00 »	12,00 »
» » » 16 000 » 17 000 »	4,25 »	12,75 »
» » » 17 000 » 18 000 »	4,50 »	13,50 »
» » » 18 000 » 19 000 »	4,75 »	14,25 »
» » » 19 000 » 20 000 »	5,00 »	15,00 »
und so fort.		

Bemerkungen:

1. Vermerke über Bevollmächtigungen, sowie über Aenderungen in der Person oder der Wohnung des Kapitalgläubigers oder Zinsberechtigten, sowie über Aenderung des Weges, auf welchem die Zinsen gezahlt werden sollen, sind gebührenfrei.
2. Als Eine Einschrift gelten die mittels der gleichen Verfügung auf Einem Konto bewirkten Eintragungen und Löschungen.

Berlin, gedruckt in der Reichsdruckerei.

Amtliche Nachrichten

über das

Preußische Staatsschuldbuch.

Dritte Ausgabe.

Nach den Gesetzen vom 20. Juli 1883 (G. S. S. 120)
und vom 12. April 1886 (G. S. S. 124)
und den
Ausführungsbestimmungen des Herrn Finanzministers.

Berlin und Leipzig.
Verlag von J. Guttentag.
(D. Collin.)
1888.

Vorwort zur vierten Ausgabe.

Die nachstehende vierte Ausgabe der amtlichen Nachrichten bildet im Wesentlichen einen unveränderten Abdruck der zweiten und dritten Ausgabe.

Berlin, den 27. Juli 1889.

Königliche Hauptverwaltung der Staatsschulden.

Sydow.

Inhalt.

Seite

Einleitung.

Erster Abschnitt.

Allgemeine Bestimmungen.

Rechtsverhältniß nach der Umwandlung.

Zweiter Abschnitt.

Wann und wie geschehen die einzelnen Eintragungen und Löschungen im Buch?

A. *Eintragungen und Löschungen auf Antrag.*

Anhang.

Einleitung.

Zweck und Bedeutung des Staatsschuldbuchs.

Die Einrichtung des Staatsschuldbuchs hat den Zweck, das Forderungsrecht, welches die Staatsgläubiger durch den Erwerb von Schuldverschreibungen der preußischen konsolidirten Anleihen (zu 4 und zu 3½ Prozent) erlangt haben, dadurch zu sichern, daß dies ihr Recht sowohl in Betreff des Kapitals als in Betreff der halbjährlich zahlbaren Zinsen von dem Besitz der über die Forderung ausgestellten Urkunden unabhängig wird. Der Gläubiger soll sich in vollem Umfange gegen die Gefahr schützen können, durch den zufälligen Verlust der Schuldverschreibung oder der Zinsscheine das Forderungsrecht selbst einzubüßen. In Betreff der Zinsscheine (Kupons) ist diese Gefahr besonders erheblich, da sie weder außer Kurs gesetzt, noch im Fall des Verlustes oder Diebstahls gerichtlich für kraftlos erklärt werden können. Aber auch in Betreff der Schuldverschreibungen gewährt die Möglichkeit, sie außer Kurs zu setzen, das wünschenswerthe Maß von Sicherheit nicht, denn das Papier kann, selbst wenn es außer Kurs gesetzt ist, von einem Dritten, als ihm abhanden gekommen, aufgeboten und für kraftlos erklärt werden, wogegen durch beständige Achtsamkeit auf die zum Zwecke des Aufgebots ergehenden Bekanntmachungen Vorkehr getroffen werden müßte. Die Vermerke der Außerkurssetzung können ohne zurückbleibende Spuren beseitigt, eine Wiederinkurssetzung kann gefälscht werden.

Das Staatsschuldbuch bietet die Möglichkeit, sich gegen diese Gefahren der Inhaberpapiere zu schützen. Auf den Inhaber lautende Zinsscheine werden für die Buchforderungen nicht ausgegeben. Das zur Einlösung der Zinsscheine halbjährlich nothwendige Abschneiden derselben und das Erneuern der Zinsscheinbogen gegen Rückreichung der Talons wird erspart. An dem hergebrachten Modus der Begebung der Staatsschulden ist durch die Einrichtung des Buchs nichts geändert.

Nur der Besitz umlaufsfähiger Effekten der oben genannten Anleihen, nicht die Einlieferung anderer Werthpapiere oder die Einzahlung baaren Geldes, berechtigt zur Eintragung. Der Einlieferer der genannten Konsols aber kann beantragen, daß entweder sein Name oder daß der Name eines Dritten als Gläubiger im Buche eingetragen werde. Die Eintragung erfolgt auf besonderen, für die Gläubiger angelegten Konten. Der Gläubiger kann später Zu- und Abschreibungen auf seinem Konto vornehmen lassen. Er behält das freie Verfügungsrecht über seine Forderung; Vermerke im Schuldbuch zu Gunsten eines Dritten, welche die Rechte des Gläubigers beschränken, sind zulässig (Nießbrauch, Pfandrecht u. a.). Die Abtretung der Buchforderung an eine andere Person kann durch Uebertragung auf ein für die Letztere neu anzulegendes oder bereits angelegtes Konto erfolgen. Der Berechtigte kann jederzeit und ohne daß es einer besonderen Kündigung bedarf, verlangen, daß ihm gegen Löschung der Forderung im Buche neue Inhaberpapiere von derselben Gattung wie die früher eingelieferten ausgereicht werden.

Erster Abschnitt.

Allgemeine Bestimmungen.

§. 1.

Das Staatsschuldbuchbüreau. Pflicht der Beamten zum Stillschweigen über den Inhalt des Buchs.

Die Bearbeitung der Angelegenheiten des Staatsschuldbuchs erfolgt durch die Hauptverwaltung der Staatsschulden, die Führung des Buchs in einem besonderen Büreau derselben, dem Staatsschuldbuchbüreau.

Alle schriftlichen Anträge, Anfragen und Gesuche in Angelegenheiten des Buchs sind zu adressiren:

An
die Hauptverwaltung der Staatsschulden
(Schuldbuchbüreau)
Berlin S. W.
frei. Oranienstraße 92/94.

Beziehen sie sich auf ein schon angelegtes Konto, so ist in dem Gesuch u. s. w. die Nummer dieses Kontos und die Abtheilung des Buchs anzugeben.

Die Beamten des Büreaus sind auch zur persönlichen Annahme von Anträgen und zur mündlichen Erledigung von Anfragen werktäglich von 9 bis 1 Uhr, mit Ausnahme der letzten beiden Geschäftstage jeden Monats, bereit.

Den Beamten des Büreaus ist das unverbrüchlichste Stillschweigen über die zu ihrer Kenntniß gelangenden Vermögensangelegenheiten der Buchgläubiger ausdrücklich zur Pflicht gemacht.

§. 2.

Einrichtung des Staatsschuldbuchs.

Es wird ein Buch für die Gläubiger der 4 prozentigen und getrennt davon ein Buch für die Gläubiger der 3½ prozentigen konsolidirten Staatsanleihe geführt.

Jedes dieser Bücher zerfällt in 6 Abtheilungen:

I für physische Personen,
II für Handelsfirmen,
III für eingetragene Genossenschaften,
IV für eingeschriebene Hülfskassen,
V für juristische Personen,
zu III bis V, sofern sie im Gebiete des Deutschen Reichs ihren Sitz haben,
VI für Vermögensmassen ohne juristische Persönlichkeit, wie Stiftungen, Anstalten, Familienfideikommisse, bestimmten Zwecken gewidmete Einzelfonds;
für derartige Massen jedoch nur dann, wenn ihre Verwaltung innerhalb des Gebiets des Deutschen Reichs von einer öffentlichen Behörde oder unter deren Aufsicht geführt wird.

Für jede Abtheilung werden in fortlaufender Nummernfolge soviel einzelne Konten angelegt, als Gläubiger einzutragen sind. In jedem der beiden Bücher darf der Gläubiger nur Ein Konto erhalten. Jedes Konto darf nur für Eine Person, Firma, Kasse oder Vermögensmasse angelegt sein. Das Muster für die Konten siehe Seite 33 und 34. Danach hat jedes Konto außer der Ueberschrift 4 Spalten:

Spalte 1 für den Betrag der Forderung,
» 2 für Abschreibungen,
» 3 für Beschränkungen des Gläubigers,
» 4 für Angabe des zum Zinsempfang Berechtigten, des Zahlungswegs, des Fälligkeitstermins und des halbjährlichen Zinsbetrages.

Von jedem Konto des Staatsschuldbuchs wird eine vollständige Abschrift gebildet, in fortgesetzter Uebereinstimmung mit der Urschrift gehalten und getrennt in einem besonderen Gebäude aufbewahrt. Die Abschrift wird spätestens eine Woche nach Herstellung der Urschrift niedergelegt.

§. 3.

Wem ist die Benutzung des Buchs zu empfehlen?

Jeder Inhaber preußischer 4prozentiger oder 3½prozentiger Konsols kann von der Einrichtung des Staatsschuldbuchs Gebrauch machen. Zu empfehlen dürfte die Benutzung des Buchs jedem Besitzer der gedachten Konsols sein, welcher dieselben als dauernde Kapitalanlage betrachtet, von der Sorge um die Sicherheit der Aufbewahrung der Schuldverschreibungen und Zinsscheine befreit sein will und Werth auf eine möglichst einfache und zeitige Uebermittlung seiner Zinsen legt; für die Fälle aber, in denen er an Stelle der Buchforderung wieder Inhaberpapiere wünscht, die Mühe seiner Legitimation (§. 14) nicht scheut. Eine große Zahl von Privatpersonen des In- und Auslandes, sowie die Verwalter von inländischen Stiftungen, Fideikommissen, Mündelgeldern, Sparkassen, Kirchenkassen und anderen zur Eintragung geeigneten Vermögensmassen haben bereits vielfach die angedeuteten Vortheile anerkannt.

Am 1. Juli 1889 waren in dem Buch auf 7 057 Konten Forderungen in Höhe von zusammen 403 964 100 *M.* eingetragen. Von den Konten waren 4 443 für physische, 1 053 für juristische Personen, 1 529 für Vermögensmassen ohne juristische Persönlichkeit und 32 für andere Gläubiger angelegt.

Zur Sicherung der Mündelgelder machen die Vormünder und in Preußen auch die Gerichte von der Einrichtung Gebrauch, indem sie beantragen, daß für die Mündel, denen Konsols gehören, je ein Konto im Buch angelegt und auf demselben vermerkt wird, daß die Ausreichung neuer Konsols gegen Löschung des Kontos während der Dauer der Vormundschaft von der Genehmigung des Vormundschaftsgerichts abhängig sei (Verfügung des preuß. Justizministers vom 17. Dezember 1884, Just. Min. Bl. S. 283).

Auf Grund genereller Allerhöchster Genehmigung ist es auch gestattet, den für Offiziere vom Hauptmann zweiter Klasse u. s. w. abwärts bei Nachsuchung des Heirathskonsenses erforderlichen Vermögensnachweis durch eine in das Staatsschuldbuch eingetragene Buchschuld zu führen (Bekanntmachungen des preuß. Kriegsministeriums vom 7. Mai 1885, Armee-Verordnungsblatt S. 107, und des Chefs der Admiralität vom 8. September 1886, Marine-Verordnungsblatt S. 189).

Amtskautionen können durch Verpfändung von Staatsschuldbuchforderungen bestellt werden (Erlaß des preuß. Finanzministers vom 20. Oktober 1885, Minist. Bl. d. inneren Verw. S. 202).

Auskunft über den Inhalt des Buchs erhält nur der eingetragene Gläubiger, sein gesetzlicher Vertreter, sein Bevollmächtigter und sein Rechtsnachfolger von Todeswegen, sowie bezüglich eingetragener Genossenschaften, eingeschriebener Hülfskassen, juristischer Personen und Vermögensmassen die zur Revision der Kassen derselben berechtigte öffentliche Behörde oder Person und letztere auch nur, falls ihre Berechtigung zur Kassenrevision durch eine deutsche öffentliche Behörde bescheinigt ist.

§. 4.

Allgemeine Voraussetzung für die Umwandlung von Schuldverschreibungen in Buchschulden des Staats.

Die Umwandlung der Schuldverschreibungen in Buchschulden auf bestimmte Namen erfolgt gegen Einlieferung der Verschreibungen auf den Antrag des Inhabers durch Eintragung in das Buch.

Die Verschreibungen müssen zum Umlauf brauchbar, dürfen also nicht gerichtlich für kraftlos erklärt oder von einem Gericht mit Beschlag belegt sein. Befindet sich eine Außerkurssetzung darauf vermerkt, so muß auch der Vermerk ordnungsmäßiger Wiederinkurssetzung sich vorfinden. Die Umwandlung befleckter oder beschädigter Stücke ist zulässig, wenn nach dem Ermessen der Hauptverwaltung der Antragsteller sich als der rechtmäßige Besitzer der umzuwandelnden Schuldverschreibungen genügend ausgewiesen hat.

Jeder eingereichten Schuldverschreibung müssen die noch nicht fälligen Zinsscheine (Kupons) und der dazu gehörige Erneuerungsschein (Talon, Anweisung) beigefügt sein. Nur wenn eine Schuldverschreibung in demjenigen Monat eingereicht wird, welcher dem Fälligkeitstermine der Zinsen vorangeht, ist der nächstfällige Zinsschein nicht beizufügen.

Rechtsverhältniß nach der Umwandlung.

§. 5.

1. In Betreff der Forderung an Kapital und Zinsen.

Mit der Eintragung in das Staatsschuldbuch erlöschen die Rechte des Inhabers an den eingelieferten Verschreibungen; die Rechte des Gläubigers in Betreff des Kapitals und der Zinsen übt derjenige aus, der im Buch als Gläubiger oder Berechtigter verzeichnet ist.

Verfügungen des Gläubigers über die eingetragene Forderung, wie Abtretungen oder Verpfändungen, erlangen dem Staate gegenüber nur durch die Eintragung Wirksamkeit.

Im Uebrigen finden die für die 4prozentige und die 3½prozentige konsolidirte Anleihe geltenden Vorschriften, insbesondere also betreffs der Verwendbarkeit des Buchs zur Anlage von Mündelgeldern und zu Staatskautionen, auf die eingetragene Forderung entsprechende Anwendung.

Im Falle einer einstigen Kündigung der Anleihen seitens des Staats — zu welcher es eines Gesetzes bedarf — werden die eingetragenen Gläubiger schriftlich benachrichtigt. Die Wirksamkeit der Kündigung ist von dieser Benachrichtigung nicht abhängig.

§. 6.

2. In Betreff der Zinsen insbesondere. Zahlung durch die Post — durch öffentliche Kassen — durch Gutschrift auf Reichsbank-Girokonto.

Die Zinsen der eingetragenen Buchforderungen werden in demselben Betrage und in denselben Fälligkeitsterminen wie die der eingelieferten Schuldverschreibungen, also entweder mit vier oder mit dreieinhalb vom Hundert und halbjährlich entweder in dem Januar- und Juli- oder in dem April- und Oktober-Termin mit rechtlicher Wirkung an denjenigen gezahlt, welcher am zehnten Tage des dem Fälligkeitstermine vorangehenden Monats im Schuldbuch als zum Empfang berechtigt eingetragen ist.

Aenderungen in der Person oder der Wohnung des Zinsempfängers oder Anträge auf eine Aenderung des Zinszahlungsweges können für den nächsten Fälligkeitstermin nur dann auf Berücksichtigung rechnen, wenn die Meldung oder der Antrag betreffs der Aenderung bis zum ersten Tage des diesem Termin voraufgehenden Monats bei der Hauptverwaltung der Staatsschulden eingegangen ist.

Die Hauptverwaltung der Staatsschulden bestimmt, auf welchem Wege die Zahlung erfolgen soll und berücksichtigt dabei thunlichst die Wünsche der Gläubiger.

Zulässige Zahlungswege sind:

1. die direkte Postsendung innerhalb des Deutschen Reichs seitens der Staatsschulden-Tilgungskasse in Berlin W. Taubenstraße 29, und zwar:
   für die nächstfälligen Januar—Juli-Zinsen zwischen dem 17. Juni und 8. Juli und zwischen dem 18. Dezember und 8. Januar;

für die nächstfälligen April — Oktober-Zinsen zwischen dem 18. März und 8. April und zwischen dem 17. September und 8. Oktober.

Die Sendung erfolgt auf Gefahr und Kosten des Berechtigten, jedoch stets entweder durch Postanweisung oder, wenn der jedesmalige Betrag 800 ℳ übersteigt und der Berechtigte die Postanweisung nicht ausdrücklich vorzieht, in ordnungsmäßig verschlossenem Briefe mit Werthangabe gegen Empfangsbestätigung.

Auch kann bei Benutzung von Postanweisungen verlangt werden, daß der Abgang der Sendung dem Empfangsberechtigten mittels besonderen Schreibens angezeigt werde. Auf besonderen Wunsch wird auch den Adressen der Empfänger der Zusatz »Eigenhändig« hinzugefügt.

2. die Abhebung bei einer der nachstehend angegebenen preußischen Kassen:
   a. bei der obengenannten Staatsschulden-Tilgungskasse vom 17. Juni und 18. Dezember bezw. vom 18. März und 17. September ab,
   b. bei den Regierungs-Hauptkassen vom 24. Juni und Dezember bezw. März und September ab,
   c. bei den mit der Annahme direkter Staatssteuern außerhalb Berlins betrauten Kassen (Kreiskassen, Steuerkassen u. s. w.) vom 1. Juli und 2. Januar bezw. 1. April und 1. Oktober ab.
3. wenn dem zum Empfang der Zinsen Berechtigten ein **Girokonto bei der Reichsbank** eröffnet ist, die Gutschrift auf diesem Konto durch Vermittelung der Staatsschulden-Tilgungskasse.

Kommt eine Postsendung (oben zu 1) als unbestellbar zurück, so unterbleiben weitere Sendungen, bis der Gläubiger die richtige Adresse angezeigt hat.

Die Baarzahlung bei den Kassen (oben zu 2) geschieht nach Prüfung der Legitimation und Identität des Empfängers gegen dessen Quittung. Die Kassen sind verpflichtet, bei dieser Prüfung nach Maßgabe der allgemeinen Vorschriften gewissenhaft zu verfahren. Zu den für die 4 und 3½ prozentigen Zinsen und für die einzelnen Fälligkeitstermine getrennt auszustellenden Quittungen sind Formulare zu benutzen, von denen dem Berechtigten das erste mit der von der Hauptverwaltung der Staatsschulden ausgehenden Benachrichtigung über die Eintragung des Kapitals in das Staatsschuldbuch zugesandt wird, die demnächst zu verwendenden später an der Zahlungsstelle verabreicht werden.

Wird die Baarzahlung bei einer der oben zu 2 b und c genannten Kassen bis zum Ablauf des mit dem Fälligkeitstermine beginnenden Kalender-Quartals nicht erhoben, so wird der Empfangsberechtigte mit dem Betrage bei der Staatsschulden-Tilgungskasse auf eine Restliste gesetzt und die Zahlung kann alsdann erst erfolgen, sobald ein Antrag von dem Berechtigten an die Staatsschulden-Tilgungskasse direkt gerichtet wird. Die Zahlung geschieht demnächst nur durch Abhebung bei dieser Kasse oder mittels Postsendung.

Die Zinsen der Buchforderungen verjähren mit dem Ablauf von vier Jahren, vom Tage der Fälligkeit ab gerechnet.

Zweiter Abschnitt.

Wann und wie geschehen die einzelnen Eintragungen und Löschungen im Buch?

A. Eintragungen und Löschungen auf Antrag.

§. 7.

Allgemeine Vorschriften.

Die Eintragungen geschehen in derselben Reihenfolge, in welcher die auf dasselbe Konto bezüglichen Gesuche bei der Hauptverwaltung der Staatsschulden eingegangen sind, die Eintragungen und Löschungen so schnell, als es der Geschäftsgang irgend gestattet, in der Regel innerhalb drei Tagen, wenn Zwischenverfügungen sich nicht als nothwendig ergeben.

Zur Vermeidung von Zwischenverfügungen und damit von Verzögerungen der Eintragung ist es besonders wesentlich, daß, wo Formulare zu den Anträgen vorgeschrieben sind, diese vollständig und genau ausgefüllt, daß die Namen der einzutragenden Gläubiger und der zum Zinsempfang berechtigten Personen, sowie die Bezeichnung der Wohnorte und Wohnungen recht deutlich geschrieben, Vor- und Zunamen vollständig, bei Frauen auch der Geburtsname angegeben, daß endlich, wenn ein Vertreter, Bevollmächtigter oder Rechtsnachfolger des bereits eingetragenen Gläubigers Anträge stellt, die Urkunden sofort beigebracht werden, welche zu seiner Legitimation erforderlich sind.

Ebenso empfiehlt es sich, den Anträgen auf solche Einschriften, für welche Gebühren zu erheben sind (§. 20), den Betrag derselben (siehe den Tarif Seite 40) sogleich beizufügen. — Bedingung für die Erledigung der Anträge ist die Vorauszahlung der Gebühren in der Regel nicht.

Eine Prüfung der Gültigkeit der den Anträgen zu Grunde liegenden Rechtsgeschäfte geht den Eintragungen oder Löschungen nicht voraus, wohl aber eine Prüfung der vom Gesetz für die Anträge vorgeschriebenen Form und der Legitimation des Antragstellers. Die Vorschriften hierfür sind verschieden, je nach dem Inhalt der Anträge.

§. 8.

Form der Anträge auf Anlegung eines Kontos oder auf Zuschreibung bei gleichzeitiger Einlieferung von Schuldverschreibungen.

Zu Anträgen auf Anlegung eines Kontos oder Zuschreibung eines Kapitals auf einem schon angelegten

Konto bei gleichzeitiger Einlieferung von Schuldverschreibungen genügt schriftliche Form, d. h. die eigenhändige Unterschrift des Einlieferers ohne besondere Zeugnisse über die Legitimation desselben und ohne besondere Beglaubigung der Unterschrift. Nur wenn die Eintragung auf den Namen einer juristischen Person, einer Handelsfirma, einer eingetragenen Genossenschaft oder eingeschriebenen Hülfskasse erfolgen soll, ist die rechtliche Existenz des Gläubigers durch eine vorschriftsmäßige öffentliche Urkunde nachzuweisen, falls dieselbe nicht notorisch ist. Dies gilt insbesondere auch von Sparkassen, Wittwenkassen, Krankenkassen u. a. In Bezug auf den einzutragenden oder zuzuschreibenden Kapitalbetrag und die Zinsen kann in der bezeichneten Form gleichzeitig beantragt werden, in Spalte 3 des Kontos eine Beschränkung des Gläubigers betreffs des Kapitals oder der Zinsen, und in Spalte 4 eine dritte Person als zum Zinsempfang berechtigt zu vermerken. Die Personen des Gläubigers, seines gesetzlichen Vertreters und des Zinsempfangsberechtigten sind so deutlich anzugeben, daß spätere Verwechselungen mit anderen Personen von vornherein ausgeschlossen werden.

Die Anträge und die Verzeichnisse der Schuldverschreibungen sind nach den Mustern einzurichten, welche Seite 35 bis 39 abgedruckt stehen.

Formulare sind von dem Staatsschuldbuchbüreau in Berlin und außerhalb Berlins von jeder Königlichen Kasse, welche mit Zahlung von Buchschuldzinsen betraut ist (siehe §. 6), unentgeltlich zu beziehen.

Wer 4prozentige und 3½prozentige Konsols gleichzeitig einreicht, hat für jede Gattung ein besonderes Antragsformular und Verzeichniß zu verwenden.

Ueber Zahl und Nennbetrag der eingelieferten Werthpapiere erhält der Einlieferer sofort nach dem Eingange einen von dem Rendanten und Oberbuchhalter des Büreaus oder von deren Vertretern unterschriebenen Empfangschein.

Wird die Eintragung eines Minderjährigen als Gläubiger beantragt, so ist zur genauen Bezeichnung desselben dessen Geburtstag und Geburtsort, andernfalls aber der Name, Stand oder Beruf und letzte Aufenthaltsort seines Vaters, in allen Fällen sein gesetzlicher Vertreter (Vater, Vormund u. s. w.) anzugeben.

Was außerdem noch bei Ausfüllung der Formulare im Einzelnen zu beachten, ist auf einem jeden derselben abgedruckt.

§. 9.

Zulässigkeit der Anträge auf Eintragung von Beschränkungen des Gläubigers zu Gunsten eines Dritten. Verpfändung. Nießbrauch.

Wird beantragt, in Spalte 3 des Kontos eine Beschränkung des Gläubigers in der Verfügung über das eingetragene Kapital oder über die Zinsen zu vermerken, so muß der Umfang und der Rechtsgrund der Beschränkung, sowie die Person, zu deren Gunsten die Beschränkung beabsichtigt ist, aus dem Antrage genau ersichtlich sein. Unzulässig ist ein Vermerk, welcher das Gläubigerrecht nicht nur beschränken, sondern aufheben würde. Letztwillige Verfügungen können in rechtswirksamer Weise durch Eintragungsanträge nicht zu Stande kommen.

Die am häufigsten vorkommenden Anträge auf Eintragung einer Beschränkung des Gläubigers in Spalte 3 des Kontos sind nach den bisherigen Erfahrungen folgende:

1. Oft soll die Hauptverwaltung der Staatsschulden verpflichtet werden, nicht ohne Zustimmung eines Dritten Aenderungen im Konto betreffs des Kapitals oder der Zinsen vorzunehmen. In diesem Fall empfiehlt sich für den Antrag folgende Fassung:

Ich beantrage, in Spalte 3 des Kontos zu vermerken:

Die Verfügung über die eingetragene Forderung oder einen Theil derselben (über eine Aenderung der Zinszahlung) bedarf der Genehmigung des .... (Stand, Vor- und Zuname, Wohnort und Wohnung).

Hierher gehören auch die Fälle, in denen klar gestellt werden soll, daß an Stelle des Gläubigers, weil er entmündigt oder minderjährig ist oder aus andern Gründen, sein gesetzlicher Vertreter zur Verfügung über das Kapital oder zu Aenderungen in Betreff des Zinsenempfängers befugt sei.

2. Nicht selten soll der Vormund des Gläubigers gemäß §. 60 der preußischen Vormundschaftsordnung vom 5. Juli 1875 beschränkt werden, indem das Vormundschaftsgericht durch §. 24 des Gesetzes vom 20. Juli 1883 ermächtigt ist, anzuordnen, daß die Eintragung der dem Mündel gehörigen Konsols auf dessen Namen im Staatsschuldbuche beantragt werde.

Für solche Fälle ist folgende Fassung des Antrages die einfachste:

Ich beantrage, in Spalte 3 des Kontos zu vermerken:

Die Ausreichung von Staatsschuldverschreibungen gegen Löschung der eingetragenen Forderung oder eines Theils derselben bedarf der Genehmigung des Vormundschaftsgerichts (jetzt des Amtsgerichts in ......).

3. Es soll vermerkt werden, daß einem Dritten ein Nießbrauchsrecht an der eingetragenen Forderung eingeräumt sei. Dann genügt im Allgemeinen, einen Vermerk dahin zu beantragen:

Den lebenslänglichen Nießbrauch von ..... *M.* hat der .... (Stand, Vor- und Zuname, Wohnort und Wohnung).

4. Soll aber einem Dritten der Nießbrauch an der Forderung erst vom Todestage des Gläubigers ab — unabhängig von dem Erbrechte anderer Personen — sichergestellt werden, so würde zu sagen sein:

Ich beantrage, in Spalte 3 des Kontos zu vermerken:

Den lebenslänglichen Nießbrauch von .... ℳ hat vom Todestage des Gläubigers ab der .... (Stand, Vor- und Zuname, Wohnort, Wohnung).

5. Wenn mit der Forderung eine Amtskaution bestellt werden soll, wäre der Antrag dahin zu fassen:

Es wird beantragt, in Spalte 3 des Kontos folgenden Vermerk einzutragen:

Die Forderung von .... ℳ ist dem Staate als Amtskaution verpfändet und haftet für alle von dem Gläubiger aus seiner Amtsführung zu vertretenden Schäden und Mängel an Kapital und Zinsen, sowie an gerichtlichen und außergerichtlichen Kosten der Ermittelung des Schadens.

§. 10.

Zulässigkeit der Anträge auf Zahlung der Zinsen an einen Dritten.

In Spalte 4 können als zum Zinsempfange berechtigt auch andere Personen (Firmen oder Kassen), wie der eingetragene Gläubiger, für einen bestimmten Betrag aber kann nur Eine Person vermerkt werden. Eine Ausnahme von der letzteren Bestimmung ist zulässig, wenn die Zinsen bei einer zu ihrer Zahlung ermächtigten Kasse (s. §. 6) abgehoben werden sollen. Es dürfen in diesen Fällen zwei Personen (A oder B) als alternativ zu deren Empfang berechtigt vermerkt werden. Bei Sendung der Zinsen durch die Post und im Fall ihrer Gutschrift auf Reichsbank-Girokonto ist ein solcher Vermerk nicht statthaft.

§. 11.

Verfügung der Eintragung.

Entsprechen die Anträge vorstehenden Andeutungen der §§. 8 bis 10, so geschieht die Anlegung des Kontos auf den Namen der von dem Einlieferer der Schuldverschreibungen in dem Antrage als Gläubiger bezeichneten Person, und wenn die letztere schon ein Konto in dem Buche für die betreffende Anleihe besitzt, die Zuschreibung auf diesem Konto in Spalte 1, 3 und 4.

In Ermangelung anderer Bestimmung des Antragstellers wird ein in Spalte 4 eingetragener Dritter so lange als zum Empfang der Zinsen berechtigt angesehen, bis auf Antrag des Gläubigers oder seines Rechtsnachfolgers der betreffende Vermerk wieder gelöscht ist.

§. 12.

Form der Anzeigen von Aenderungen in der Person des Gläubigers. Form des Widerrufs einer Vollmacht. Form des Antrags auf Aenderung des Zahlungsweges für die Zinsen.

Die einfache schriftliche Form genügt ferner für folgende Anzeigen und Anträge:

1. für die Anzeige von Aenderungen in der Person oder der Wohnung des Gläubigers oder des Zinsempfängers (Verheirathung einer Frau, Aenderung des Standes oder Gewerbes, Wohnorts oder Wohnung), bei welchen also die Person des Berechtigten an sich dieselbe bleibt. Die Richtigkeit ist auf Verlangen durch eine öffentliche Urkunde darzuthun;
2. für den Widerruf einer Vollmacht und insbesondere für Anträge des Gläubigers oder des Nießbrauchers auf Zahlung der Zinsen an ihn

selbst, statt an die bisher auf dem Konto in Spalte 4 als empfangsberechtigt bezeichnete Person, vorausgesetzt, daß aus Spalte 3 keine Beschränkung des Antragstellers in dieser Richtung erhellt;

3. für Anträge auf Aenderung des Zinszahlungsweges (Post oder Kasse) ohne Aenderung des Empfangsberechtigten.

§. 13.

Form anderer Anträge als der in den §§. 8 und 12 erwähnten. Form einer nach Eintragung einer Forderung ertheilten Vollmacht zur Verfügung über die Forderung.

Andere als die im Eingang des §. 8 und im §. 12 erwähnten Anträge, insbesondere also Anträge:

1. auf nachträgliche Eintragung einer Beschränkung oder auf Löschung einer Beschränkung in der Spalte 3 eines Kontos,
2. auf nachträglichen Vermerk eines anderen Zinsempfangsberechtigten in Spalte 4 an Stelle des eingetragenen,
3. auf theilweise oder gänzliche Uebertragung der eingetragenen Forderung auf ein anderes Konto,
4. auf erneute Ausfertigung und Ausreichung von Staatsschuldverschreibungen gegen Löschung der eingetragenen Forderung oder eines Theils derselben, sowie
5. nachträgliche Vollmachten für einen Dritten zur Verfügung über die Forderung

müssen, wenn sie nicht von öffentlichen Behörden ausgehen, gerichtlich oder notariell oder von einem Konsul des Deutschen Reichs aufgenommen oder beglaubigt sein. Anträge und Urkunden öffentlicher Behörden bedürfen, wenn sie ordnungsmäßig unterschrieben und untersiegelt sind, keiner Beglaubigung.

Sind seit der Eintragung Aenderungen in der Person des Gläubigers (Verheirathung einer Frau, Aenderungen des Gewerbes, Standes, Namens, Wohnorts) eingetreten, so kann außerdem verlangt werden, daß die Identität durch eine öffentliche Urkunde dargethan werde.

Denselben Formvorschriften unterliegen Erklärungen, welche ein Dritter abgiebt, zu dessen Gunsten der eingetragene Gläubiger in Bezug auf die Forderung oder deren Zinserträgnisse durch einen Vermerk im Staatsschuldbuch beschränkt ist, wenn der Antrag des Gläubigers von ihm, wie erforderlich, genehmigt werden soll.

Der Antrag eines Taubstummen, Blinden, Schreibunkundigen oder einer der deutschen Sprache nicht mächtigen Person bedarf zu seiner Gültigkeit der für die Verträge solcher Personen vorgeschriebenen Form.

§. 14.

Legitimation des Antragstellers bei Anträgen der im §. 13 bezeichneten Art. Rechtsnachfolger von Todeswegen.

Bei den im §. 13 bezeichneten Anträgen tritt außerdem eine Prüfung der Legitimation des Antragstellers nach folgenden Vorschriften ein.

Zur Stellung solcher Anträge sind nur der eingetragene Gläubiger, seine gesetzlichen Vertreter und Bevollmächtigten, sowie diejenigen Personen berechtigt, auf welche die eingetragene Forderung von Todeswegen übergegangen ist.

Ehefrauen und großjährige Personen unter väterlicher Gewalt werden zu Anträgen ohne Zustimmung des Ehemanns bezw. Vaters zugelassen.

Zur Stellung von Anträgen für eine Firma gilt für berechtigt, wer zur Zeichnung der Firma berechtigt ist; zur Stellung von Anträgen für Vermögensmassen ohne juristische Persönlichkeit die Behörde, welche deren Verwaltung führt oder beaufsichtigt, oder die von derselben bezeichnete Person.

Die Vertreter der Handelsfirmen, der eingetragenen Genossenschaften und der eingeschriebenen Hülfskassen haben bei Stellung der Anträge durch eine öffentliche

Urkunde den Nachweis zu erbringen, daß die Antragsteller zur Zeichnung für die Firma bezw. zur Vertretung der Genossenschaft oder Kasse legitimirt sind.

Gesetzliche Vertreter haben mit den Anträgen event. ihre Legitimation als solche (Bestallung ꝛc.), Bevollmächtigte ihre Vollmacht vorzulegen.

Rechtsnachfolger von Todeswegen haben sich, sofern ihre Berechtigung auf der gesetzlichen Erbfolge beruht, durch eine Bescheinigung als Erben, sofern dieselbe auf letztwilliger Verfügung beruht, durch eine Bescheinigung darüber auszuweisen, daß sie über die eingetragene Forderung zu verfügen befugt sind.

Zur Ausstellung der vorgedachten Bescheinigungen ist dasjenige Gericht, bei welchem der Erblasser zur Zeit seines Todes seinen ordentlichen Gerichtsstand hatte, und sofern derselbe im Deutschen Reich einen solchen nicht hatte, derjenige Konsul des Deutschen Reichs, in dessen Amtsbezirk der Erblasser zur Zeit seines Todes seinen Wohnsitz oder gewöhnlichen Aufenthalt gehabt hat, falls dem Konsul von dem Reichskanzler die Ermächtigung zur Ausstellung solcher Bescheinigungen ertheilt ist, und, in Ermangelung eines hiernach zuständigen Konsuls, sowie im Falle der Ablehnung des zuständigen deutschen außerpreußischen Gerichts, das Amtsgericht I in Berlin zuständig.

Mehrere Erben haben zur Stellung von Anträgen und zur Empfangnahme von Schuldverschreibungen eine einzelne Person zum Bevollmächtigten zu bestellen.

Den Anträgen der Rechtsnachfolger von Todeswegen müssen die erwähnte Bescheinigung und die Vollmacht beiliegen.

§. 15.

Löschung einer Beschränkung des Gläubigers insbesondere.

Den Anträgen auf Löschung einer Beschränkung in Spalte 3 des Kontos ist die im §. 13 bezogene Genehmigungserklärung derjenigen Personen, zu deren

Gunsten der eingetragene Gläubiger beschränkt ist, und bei persönlichen unvererblichen Einschränkungen des Gläubigerrechts oder des Verfügungsrechts, welche durch den Tod des Berechtigten erloschen sind, die Sterbeurkunde (der Todtenschein) des letzteren beizufügen. In letzterem Fall wird durch die Löschung das Recht auf den Bezug rückständiger Leistungen nicht berührt.

§. 16.

Uebertragung auf ein anderes Konto. Theillöschungen. Löschungen gegen Ausreichung neuer Schuldverschreibungen.

Außerdem bleibt für die im §. 13 unter den Nummern 3 und 4 aufgeführten Anträge Folgendes zu beachten:

Uebertragungen auf ein anderes Konto sind nur insofern zulässig, als dies Konto in dem Schuldbuch für die gleichhoch verzinsliche Anleihe angelegt ist oder angelegt werden soll.

Theilübertragungen und Theillöschungen sind nur zulässig, sofern sowohl die Beträge, deren Uebertragung oder Löschung beantragt wird, als auch die Restbeträge, über welche eine Verfügung nicht stattfinden soll, in Schuldverschreibungen der betreffenden konsolidirten Anleihe darstellbar sind. Dies gilt für jedes Konto, und außerdem betreffs der 4prozentigen Anleihe bei dem einzelnen Konto für jeden Posten besonders, wenn es sich um Forderungen handelt, welche aus mehreren, zu verschiedenen Terminen verzinslichen Posten (Januar—Juli und April—Oktober) zusammengesetzt sind. Demgemäß ist bei Anträgen auf Theilübertragungen und Theillöschungen zu einem Konto der 4prozentigen Anleihe mit verschiedenen Zinsterminen auch anzugeben, ob die Uebertragung oder Löschung eines Theilbetrages mit Januar—Juli- oder mit April—Oktober-Zinsen gewünscht wird.

Wird beantragt, daß eine eingetragene Forderung ganz oder theilweise gegen Ausreichung von Schuldverschreibungen der entsprechenden konsolidirten Anleihe zu gleichem Nennwerthe gelöscht werden soll, so geschieht mit der Löschung die Ausreichung an den dazu von der Hauptverwaltung der Staatsschulden legitimirt befundenen Berechtigten durch die von ihr bestimmte Kasse nach Prüfung der Identität des Berechtigten gegen Quittung.

Hat der Berechtigte die Zusendung durch die Post innerhalb des Deutschen Reichs in der §. 13 Absatz 1 angegebenen beglaubigten Form beantragt, so ist die Hauptverwaltung der Staatsschulden ermächtigt, diesem Antrage zu entsprechen. Die Sendung geschieht alsdann auf Gefahr und Kosten des Berechtigten. Der Posteinlieferungsschein dient bis zum Eingang der Quittung als Rechnungsbelag.

Postsendungen, welchen Inhaberpapiere beiliegen, werden nach dem vollen Werthe deklarirt, insofern nicht der Berechtigte in beglaubigter Form (§. 13 Absatz 1) eine minderwerthige Deklarirung beantragt hat.

B. Eintragungen und Löschungen von Amtswegen.

§. 17.

Gerichtliche Pfändung rc. Ueberweisung an Zahlungsstatt.

Von Amtswegen ist auf dem Konto in Spalte 3 zu vermerken: eine im Wege der Zwangsvollstreckung oder des Arrestes erfolgte Pfändung oder vorläufige Beschlagnahme der Forderung und eine durch eine einstweilige gerichtliche Verfügung angeordnete Beschränkung des eingetragenen Gläubigers. Ist die gepfändete Forderung einem Dritten an Zahlungsstatt überwiesen, so wird dieselbe auf ein für diesen angelegtes oder noch anzulegendes Konto übertragen.

§. 18.

Ermächtigung der Hauptverwaltung der Staatsschulden zur Löschung einer Forderung und Hinterlegung der Staatsschuldverschreibungen.

Die Hauptverwaltung der Staatsschulden kann die von Amtswegen bewirkte Eintragung einer Beschränkung in Spalte 3 im Interesse der Uebersichtlichkeit des Staatsschuldbuchs als Anlaß nehmen zur Löschung des ganzen Kontos mit folgender Maßgabe. Durch das Gesetz vom 20. Juli 1883 ist die Hauptverwaltung nämlich ermächtigt, in folgenden 5 Fällen von Amtswegen auf Kosten des Gläubigers eine eingetragene Forderung zu löschen und die dagegen auszufertigenden Schuldverschreibungen an die Hinterlegungsstelle in Berlin auszuliefern:

1. wenn die Eintragung von Verpfändungen oder sonstigen Verfügungsbeschränkungen beantragt wird;
2. wenn die Forderung ganz oder theilweise im Wege der Zwangsvollstreckung oder des Arrestes gepfändet oder eine einstweilige gerichtliche Verfügung über dieselbe getroffen ist;
3. wenn über das Vermögen des eingetragenen Gläubigers der Konkurs eröffnet worden ist;
4. wenn die Zinsen des eingetragenen Kapitals 10 Jahre hintereinander nicht abgehoben worden sind;
5. wenn glaubhaft bekannt geworden ist, daß der Gläubiger vor länger als 10 Jahren verstorben ist und ein Rechtsnachfolger sich nicht legitimirt hat.

Die hinterlegten Schuldverschreibungen treten in allen rechtlichen Beziehungen an die Stelle der gelöschten Forderung. Der Hinterlegungsstelle werden Abschrift des gelöschten Kontos und die auf das Konto bezüglichen Akten unter gleichzeitiger Benachrichtigung der Betheiligten mitgetheilt.

§. 19.

C. Benachrichtigungen über erfolgte Eintragungen oder Löschungen.

Ueber die Eintragung von Forderungen und Vermerken, sowie über die verfügte Auslieferung von Schuldverschreibungen an Stelle zur Löschung gelangter

Forderungen wird dem Antragsteller und, falls der Berechtigte ein Anderer ist, auch diesem eine Benachrichtigung ertheilt. Auf jedes Benachrichtigungsschreiben über Eintragung einer Buchforderung wird in einer besonders in die Augen fallenden Form der Vermerk gesetzt:

Dies Schriftstück gilt nicht als eine über die Forderung ausgestellte Verschreibung.

Besondere Verschreibungen werden über Buchforderungen nicht ausgefertigt.

Die Mittheilung der Benachrichtigungsschreiben geschieht mittels verschlossener Briefe durch die Post, und sofern es besonders beantragt wird, mit der Bezeichnung: »Einschreiben«.

§. 20.

D. Gebühren.

An Gebühren werden erhoben:

1. für die Umwandlung von Staatsschuldverschreibungen in Buchschulden des Staats, sowie für sonstige Eintragungen und Löschungen, jede Einschrift in das Staatsschuldbuch besonders gerechnet, 25 Pfennig von je angefangenen 1 000 *M.* des Betrages, über den verfügt wird, zusammen mindestens 1 *M.*;
2. für die Ausreichung von Staatsschuldverschreibungen für je angefangene 1 000 *M.* Kapitalbetrag 50 Pfennig, zusammen mindestens 1 *M.*

Als Eine Einschrift gelten die mittels der gleichen Verfügung auf Einem Konto bewirkten Eintragungen und Löschungen.

Die laufende Verwaltung und Vermerke über Bevollmächtigungen, über Aenderungen in der Person oder der Wohnung des eingetragenen Gläubigers oder Zinsberechtigten, sowie über Aenderungen des Zinszahlungsweges sind gebührenfrei.

Die Gebühren werden von dem Antragsteller, soweit nöthig, im Verwaltungszwangsverfahren eingezogen. Auch kann die Vorausbezahlung der Gebühren gefordert werden.

Den Tarif siehe Seite 40.

An Gebühren für die gerichtliche oder notarielle Beglaubigung der Anträge in Schuldbuchsachen (§§. 13, 14) sind zu erheben:

bei Beträgen bis 2 000 *M.*	1 *M.* 50 Pf.
bei Beträgen über 2 000 *M.*	3 *M.*

Anhang.

1. Muster zu den Konten des Staatsschuldbuchs.

a. für eine 4prozentige Buchschuld.

Konto №   Gläubiger:

Aenderungen in der Person des Gläubigers:

(Behörde, welche die Verwaltung der Masse führt — beaufsichtigt —.)

1.		2.						3.	4.	
Betrag der Forderung		Abschreibungen						Beschränkungen des Gläubigers	Die Zinsen zu empfangen ist berechtigt:	
		a. Uebertragen auf das Konto:			b. Umgewandelt in 4prozentige konsolidirte Staatsschuldverschreibungen:					
ℳ		Abtheilung	Nummer	ℳ	Litr.	Nummer	Betrag ℳ			halbjährlich mit ℳ

b. für eine 3½prozentige Buchschuld.

$3\frac{1}{2}$prozentige Buchschuld.

Konto № Gläubiger:

Aenderungen in der Person des Gläubigers:

(Behörde, welche die Verwaltung der Masse führt — beaufsichtigt —.)

1.		2.						3.	4.		
Betrag der Forderung		Abschreibungen						Beschränkungen des Gläubigers	Die Zinsen zu empfangen ist berechtigt:		
		a. Uebertragen auf das Konto:			b. Umgewandelt in $3\frac{1}{2}$ prozentige konsolidirte Staatsschuldverschreibungen:					halbjährlich mit	
ℳ		Abtheilung	Nummer	ℳ	Litr.	Nummer	Betrag ℳ			ℳ	Pf.

2. Muster zu Anträgen auf Anlegung eines Kontos gegen Einlieferung von Schuldverschreibungen.

An
die Hauptverwaltung der Staatsschulden
(Schuldbuchbüreau)
Berlin S. W.
frei. Oranienstraße 92/94.

.................., den ....ten .... 18........

Die Hauptverwaltung der Staatsschulden erhält hierbei die in dem anliegenden Verzeichniß aufgeführten .... Stück Schuldverschreibungen der preußischen konsolidirten ...... prozentigen Staatsanleihe über zusammen .... M., schreibe (in Worten) .... Mark, nebst den dazu gehörigen Zinsscheinen über die seit 1. .... 18........ laufenden Zinsen und den Anweisungen zur Abhebung neuer Zinsscheine mit dem Antrage:

1. die gedachten .... M. auf den Namen:*)

....

....

....

in das Staatsschuldbuch einzutragen;

*) Hier sind Vor- und Familiennamen, bei Frauen zugleich der Geburtsname, Beruf oder Stand, Wohnort und Wohnung so vollständig und so deutlich anzugeben, daß spätere Verwechselungen und Irrthümer thunlichst vermieden werden.

2. die fälligen Zinsen durch die Post (durch die Königliche .... Kasse in ....)
an*) .... wohnhaft in ....
Straße Nr. .... zahlen zu lassen.
**)

....

....

....

---

*) S. die Bemerkung auf der vorigen Seite.

**) Der Schluß dieser und die folgende Seite sind zu benutzen für die etwaigen Beschränkungen des Gläubigers in Bezug auf das Kapital oder die Zinserträgnisse, welche eingetragen werden sollen (wie z. B. Verpfändungen, Nießbrauchsbestellungen u. a.).

Wenn eine Vermögensmasse ohne juristische Persönlichkeit als Gläubiger einzutragen ist, so muß auch die Behörde nebst deren Wohnsitz genau angegeben werden, welche die Verwaltung oder die Aufsicht über die Verwaltung der Masse führt.

Soll die Eintragung auf den Namen einer juristischen Person, einer Handelsfirma, einer eingetragenen Genossenschaft, einer eingeschriebenen Hülfskasse erfolgen, so ist die rechtliche Existenz des Gläubigers durch eine vorschriftsmäßige öffentliche Urkunde nachzuweisen.

Am Schluß ist der obige Antrag vom Antragsteller zu unterschreiben.

3. Muster zu Anträgen auf Zuschreibung gegen Einlieferung von Schuldverschreibungen.

An
die Hauptverwaltung der Staatsschulden
(Schuldbuchbüreau)

Berlin S. W.
frei. Oranienstraße 92/94.

.........................., den ....ten .... 18...........

Die Hauptverwaltung der Staatsschulden erhält hierbei die in dem anliegenden Verzeichniß aufgeführten .... Stück Schuldverschreibungen der preußischen konsolidirten .... prozentigen Staatsanleihe über zusammen .... ℳ, schreibe .... Mark, nebst den dazu gehörigen Zinsscheinen über die seit 1. .... 18.......... laufenden Zinsen und den Anweisungen zur Abhebung neuer Zinsscheine mit dem Antrage:

1. die gedachten .... ℳ zusätzlich auf das Konto: .... der Abtheilung .... de ....
   ....
   ....
   ....

   in das Staatsschuldbuch einzutragen;

2. die fälligen Zinsen durch die Post — durch die Königliche .... Kasse in ....
an d...

....

....

wohnhaft in .... Kreis ....
.... Straße Nr. ....
zahlen zu lassen.

4. Muster für die Verzeichnisse der zur Umwandlung eingelieferten Schuldverschreibungen.

Verzeichniß

der mit Antrag des .... vom .... ten .... 18...... eingelieferten Schuldverschreibungen der preußischen konsolidirten ...... prozentigen Staatsanleihe.

Spalte 1. Spalte 2.

Laufende Nr.	Litr.	Nummern	Betrag des einzelnen Stücks M.	Betrag für jeden Werthabschnitt M.	Laufende Nr.	Litr.	Nummern	Betrag des einzelnen Stücks M.	Betrag für jeden Werthabschnitt M.
1	A	2 473	5 000				(Soweit die Spalte 1 nicht ausreicht, sind die Spalten 2 und folgende zu benutzen.)		
2	»	2 474	5 000	10 000					
3	B	4 673	2 000						
4	»	10 380	2 000						
5	»	11 760	2 000	6 000					
6	C	70 536	1 000	1 000					
7	D	19 216	500						
8	»	20 355	500	1 000					
9	E	18 309	300						
10	»	20 576	300						
11	»	30 682	300	900					
12	F	7 809	200						
13	»	90 643	200						
14	»	110 948	200	600					
							Betrag	.	.
			.				Uebertrag der Spalte 1	.	19 500
		Betrag	.	19 500			Gesammtbetrag der Spalten 1 und 2	.	19 500

NB. 1. Die Schuldverschreibungen der 4prozentigen konsolidirten Anleihe sind nach den verschiedenen Zinsterminen (Januar-Juli, April-Oktober) und innerhalb dieser beiden Arten nach den Littern, für jede Littera aber nach der Nummernfolge, die Schuldverschreibungen der 3½prozentigen Anleihe sind nach den Littern und für jede Littera nach der Nummernfolge zu ordnen.

2. Bei jeder Schuldverschreibung müssen die dazu gehörigen Zinsscheine nebst Anweisung liegen. Nur wenn eine Schuldverschreibung in demjenigen Monat eingereicht wird, welcher dem Fälligkeitstermine der Zinsen vorangeht, ist der nächstfällige Zinsschein nicht beizufügen.

5. Gebührentarif.

Es werden erhoben:		
wenn verfügt wird über ein Kapital	für jede Einschrift in das Staatsschuldbuch.	für die Ausreichung neuer Konsols und für die damit verbundene Löschung der Buchforderung.
bis 2 000 *M.*	1,00 *M.*	2,00 *M.*
von mehr als 2 000 » 3 000 »	1,00 »	2,50 »
» » » 3 000 » 4 000 »	1,00 »	3,00 »
» » » 4 000 » 5 000 »	1,25 »	3,75 »
» » » 5 000 » 6 000 »	1,50 »	4,50 »
» » » 6 000 » 7 000 »	1,75 »	5,25 »
» » » 7 000 » 8 000 »	2,00 »	6,00 »
» » » 8 000 » 9 000 »	2,25 »	6,75 »
» » » 9 000 » 10 000 »	2,50 »	7,50 »
» » » 10 000 » 11 000 »	2,75 »	8,25 »
» » » 11 000 » 12 000 »	3,00 »	9,00 »
» » » 12 000 » 13 000 »	3,25 »	9,75 »
» » » 13 000 » 14 000 »	3,50 »	10,50 »
» » » 14 000 » 15 000 »	3,75 »	11,25 »
» » » 15 000 » 16 000 »	4,00 »	12,00 »
» » » 16 000 » 17 000 »	4,25 »	12,75 »
» » » 17 000 » 18 000 »	4,50 »	13,50 »
» » » 18 000 » 19 000 »	4,75 »	14,25 »
» » » 19 000 » 20 000 »	5,00 »	15,00 »
und so fort.		

Bemerkungen:

1. Vermerke über Bevollmächtigungen, sowie über Aenderungen in der Person oder der Wohnung des Kapitalgläubigers oder Zinsberechtigten, sowie über Aenderung des Weges, auf welchem die Zinsen gezahlt werden sollen, sind gebührenfrei.
2. Als Eine Einschrift gelten die mittels der gleichen Verfügung auf Einem Konto bewirkten Eintragungen und Löschungen.

Berlin, gedruckt in der Reichsdruckerei.

Amtliche Nachrichten

über das

Preußische Staatsschuldbuch.

Sechste Ausgabe.

Nach den Gesetzen vom 20. Juli 1883 (G. S. S. 120), 12. April 1886 (G. S. S. 124) und vom 8. Juni 1891 (G. S. S. 105)

und den

Ausführungsbestimmungen des Herrn Finanzministers.

Berlin SW.48
Wilhelmstraße 119/120
J. Guttentag, Verlagsbuchhandlung.
1896.

Vorwort zur sechsten Ausgabe.

Die nachstehende sechste Ausgabe der amtlichen Nachrichten bildet im Wesentlichen einen unveränderten Abdruck der fünften Ausgabe.

Berlin, den 21. April 1896.

Hauptverwaltung der Staatsschulden.

v. Hoffmann.

Inhalt.

Anhang.

Einleitung.

Zweck und Bedeutung des Staatsschuldbuchs.

Die Einrichtung des Preußischen Staatsschuldbuchs hat den Zweck, das Forderungsrecht zu sichern, welches die Gläubiger durch den Erwerb der auf den Inhaber lautenden Schuldverschreibungen der preußischen konsolidirten Anleihen (zu 4, zu 3½ und zu 3 Prozent) erlangt haben. Durch die Eintragung der Forderung in das Schuldbuch auf den Namen des Gläubigers wird sein Recht sowohl in Betreff des Kapitals als in Betreff der halbjährlich zahlbaren Zinsen von dem Besitz der über die Forderung ausgestellten von ihm an die Hauptverwaltung der Staatsschulden eingelieferten Urkunden, welche sofort nach der Eintragung in das Buch kassirt werden, unabhängig. Der Gläubiger kann sich auf diese Weise in vollem Umfange gegen die Gefahr schützen, durch den zufälligen Verlust oder eine wesentliche Beschädigung der Schuldverschreibung oder der Zinsscheine das Forderungsrecht selbst einzubüßen. In Betreff der Zinsscheine (Kupons) ist diese Gefahr besonders erheblich, da sie weder außer Kurs gesetzt, noch im Fall des Verlustes oder Diebstahls gerichtlich für kraftlos erklärt werden können. Aber auch in Betreff der Schuldverschreibungen gewährt die Möglichkeit, sie außer Kurs zu setzen, das wünschenswerthe Maß von Sicherheit nicht, denn das Papier kann, selbst wenn es außer Kurs gesetzt ist, von einem Dritten, als ihm abhanden gekommen, aufgeboten und für kraftlos erklärt werden, wogegen durch beständige Achtsamkeit auf die zum

Zwecke des Aufgebots ergehenden Bekanntmachungen Vorkehr getroffen werden müßte. Die Vermerke der Außerkurssetzung können ohne zurückbleibende Spuren beseitigt, eine Wiederinkurssetzung kann gefälscht werden.

Auf den Inhaber lautende Zinsscheine werden für die Buchforderungen nicht ausgegeben. Das zur Einlösung der Zinsscheine halbjährlich nothwendige Abschneiden derselben und das Erneuern der Zinsscheinbogen gegen Rückreichung der Talons wird erspart.

An dem hergebrachten Modus der Begebung der Staatsanleihen ist durch die Einrichtung des Buchs nichts geändert.

Nur der Besitz umlaufsfähiger Effekten der oben genannten Anleihen, nicht die Einlieferung anderer Werthpapiere oder die Einzahlung baaren Geldes, berechtigt zur Eintragung. Auch die bei neuen Anleihen zur Ausgabe kommenden Interimsscheine eignen sich nicht zur Eintragung in das Schuldbuch. Der Einlieferer der genannten Konsols kann beantragen, daß entweder sein Name oder daß der Name eines Dritten als Gläubiger im Buche eingetragen werde. Die Eintragung erfolgt auf besonderen, für die Gläubiger angelegten Konten. Der Gläubiger kann später Zu- und Abschreibungen auf seinem Konto vornehmen lassen. Er behält das freie Verfügungsrecht über seine Forderung; Vermerke im Schuldbuch zu Gunsten eines Dritten, welche die Rechte des Gläubigers beschränken, sind zulässig (Nießbrauch, Pfandrecht u. a.). Die Abtretung der Buchforderung an eine andere Person kann durch Uebertragung auf ein für die Letztere neu anzulegendes oder bereits angelegtes Konto erfolgen. Der Berechtigte kann jederzeit und ohne daß es einer besonderen Kündigung bedarf, verlangen, daß ihm gegen Löschung der Forderung im Buche neue Inhaberpapiere von derselben Gattung wie die früher eingelieferten ausgereicht werden.

Erster Abschnitt.

Allgemeine Bestimmungen.

§. 1.

Zuständige Behörde. Pflicht der Beamten zum Stillschweigen über den Inhalt des Buchs.

Die Bearbeitung der Angelegenheiten des Staatsschuldbuchs erfolgt durch die Hauptverwaltung der Staatsschulden, die Führung des Buchs in einem besonderen Büreau derselben, dem Staatsschuldbuchbüreau.

Alle schriftlichen Anträge, Anfragen und Gesuche in Angelegenheiten des Buchs sind zu adressiren:

An
die Hauptverwaltung der Staatsschulden
(Schuldbuch-Angelegenheit)
Berlin S. W.
frei. Oranienstraße 92/94.

Beziehen sie sich auf ein schon angelegtes Konto, so ist in dem Gesuch u. s. w. die Nummer dieses Kontos und die Abtheilung des Buchs anzugeben.

Die Beamten des Büreaus sind auch zur persönlichen Annahme von Anträgen und zur mündlichen Erledigung von Anfragen werktäglich von 9 bis 1 Uhr, mit Ausnahme der letzten beiden Geschäftstage jeden Monats, bereit.

Den Beamten des Büreaus ist das unverbrüchlichste Stillschweigen über die zu ihrer Kenntniß gelangenden Vermögensangelegenheiten der Buchgläubiger ausdrücklich zur Pflicht gemacht.

§. 2.

Einrichtung des Staatsschuldbuchs.

Es wird ein Buch für die Gläubiger der 4 prozentigen, ein Buch für die Gläubiger der $3^1/_2$ prozentigen und ein Buch für die Gläubiger der 3 prozentigen konsolidirten Staatsanleihe geführt.

Jedes dieser Bücher zerfällt in 7 Abtheilungen:

I für physische Personen,

II für Handelsfirmen,

III für eingetragene Genossenschaften,

IV für eingeschriebene Hülfskassen,

V für juristische Personen,

zu III bis V, sofern sie im Gebiete des Deutschen Reichs ihren Sitz haben,

VI für Vermögensmassen ohne juristische Persönlichkeit, wie Stiftungen, Anstalten, Familienfideikommisse, bestimmten Zwecken gewidmete Einzelfonds, deren Verwaltung von einer öffentlichen Behörde oder unter deren Aufsicht geführt wird,

VII für Vermögensmassen, deren Verwalter ihre Verfügungsbefugniß über die Masse durch eine gerichtliche oder notarielle Urkunde nachweisen,

zu VI und VII ist es gleich, ob die Verwaltung innerhalb des Gebiets des Deutschen Reichs oder ob sie im Auslande geführt wird.

Für jede Abtheilung werden in fortlaufender Nummernfolge soviel einzelne Konten angelegt, als Gläubiger einzutragen sind. In jedem der Bücher darf der Gläubiger nur Ein Konto erhalten. Jedes Konto darf nur für Eine Person, Firma, Kasse oder Vermögensmasse angelegt sein. Das Muster für die Konten siehe Seite 34. Danach hat jedes Konto außer der Ueberschrift 4 Spalten:

Spalte 1 für den Betrag der Forderung,

» 2 für Abschreibungen,

Spalte 3 für Beschränkungen des Gläubigers,
» 4 für Angabe des zum Zinsempfang Berechtigten, des Zahlungswegs, des Fälligkeitstermins und des halbjährlichen Zinsbetrages.

Von jedem Konto des Staatsschuldbuchs wird eine vollständige Abschrift gebildet, in fortgesetzter Uebereinstimmung mit der Urschrift gehalten und getrennt in einem besonderen Gebäude aufbewahrt. Die Abschrift wird spätestens eine Woche nach Herstellung der Urschrift niedergelegt.

§. 3.

Wem ist die Benutzung des Buchs zu empfehlen?

Jeder Inhaber preußischer 4, 3½ oder 3 prozentiger Konsols kann von der Einrichtung des Staatsschuldbuchs Gebrauch machen. Zu empfehlen dürfte die Benutzung des Buchs jedem Besitzer der gedachten Konsols sein, welcher dieselben als dauernde Kapitalanlage betrachtet, von der Sorge um die Sicherheit der Aufbewahrung der Schuldverschreibungen und Zinsscheine befreit sein will und Werth auf eine möglichst einfache und zeitige Uebermittelung seiner Zinsen legt; für die Fälle aber, in denen er an Stelle der Buchforderung wieder Inhaberpapiere wünscht, die Mühe seiner Legitimation (§. 14) nicht scheut. Zahlreiche Privatpersonen des In- und Auslandes, Handelsfirmen, Kirchengemeinden, Schulgemeinden u. a., sowie die Verwalter von Stiftungen, Fideikommissen, Mündelgeldern, Sparkassen und anderen zur Eintragung geeigneten Vermögensmassen haben bereits vielfach die angedeuteten Vortheile anerkannt.

Am 1. April 1896 waren in dem Buch auf 18 037 Konten Forderungen in Höhe von zusammen 1 058 733 800 *M.* eingetragen. Von den Konten waren 11 986 für physische, 2 870 für juristische Personen,

3 099 für Vermögensmassen ohne juristische Persönlichkeit und 82 für andere Gläubiger angelegt.

Zur Sicherung der Mündelgelder machen die Vormünder und in Preußen auch die Gerichte von der Einrichtung Gebrauch, indem sie beantragen, daß für die Mündel, denen Konsols gehören, je ein Konto im Buch angelegt und auf demselben vermerkt wird, daß die Ausreichung neuer Konsols gegen Löschung des Kontos während der Dauer der Vormundschaft von der Genehmigung des Vormundschaftsgerichts abhängig sei (Verfügung des preuß. Justizministers vom 17. Dezember 1884, Just. Min. Bl. S. 283).

Auf Grund genereller Allerhöchster Genehmigung ist es auch gestattet, den für Offiziere vom Hauptmann zweiter Klasse u. s. w. abwärts bei Nachsuchung des Heirathskonsenses erforderlichen Vermögensnachweis durch eine in das Staatsschuldbuch eingetragene Buchschuld zu führen (Bekanntmachungen des preuß. Kriegsministeriums vom 7. Mai 1885, Armee-Verordnungsblatt S. 107, und des Chefs der Admiralität vom 8. September 1886, Marine-Verordnungsblatt S. 189).

Amtskautionen können durch Verpfändung von Staatsschuldbuchforderungen bestellt werden (Erlaß des preuß. Finanzministers vom 20. Oktober 1885, Minist. Bl. f. d. innere Verw. S. 202 und Reichsgesetz vom 22. März 1893, RGB. S. 131).

Auskunft über den Inhalt des Buchs erhält nur der eingetragene Gläubiger, sein gesetzlicher Vertreter, sein Bevollmächtigter und sein Rechtsnachfolger von Todeswegen, sowie bezüglich eingetragener Genossenschaften, eingeschriebener Hülfskassen, juristischer Personen und Vermögensmassen die zur Revision der Kassen derselben berechtigte öffentliche Behörde oder Person und letztere auch nur, falls ihre Berechtigung zur Kassenrevision durch eine deutsche öffentliche Behörde bescheinigt ist.

§. 4.

Allgemeine Voraussetzung für die Umwandlung von Schuldverschreibungen in Buchschulden des Staats.

Die Umwandlung der Schuldverschreibungen in Buchschulden auf bestimmte Namen erfolgt gegen Einlieferung der Verschreibungen auf den Antrag des Inhabers durch Eintragung in das Buch.

Die Verschreibungen müssen zum Umlauf brauchbar, dürfen also nicht gerichtlich für kraftlos erklärt oder von einem Gericht oder einer mit Vollstreckungsbefugniß ausgestatteten Behörde mit Beschlag belegt sein. Befindet sich auf der Schuldverschreibung eine Außerkurssetzung vermerkt, so muß auch der Vermerk ordnungsmäßiger Wiederinkurssetzung sich vorfinden. Die Umwandlung befleckter oder beschädigter Stücke ist zulässig, wenn nach dem Ermessen der Hauptverwaltung der Antragsteller sich als der rechtmäßige Besitzer der umzuwandelnden Schuldverschreibungen ausgewiesen hat.

Den Schuldverschreibungen müssen die dazu gehörigen noch nicht fälligen Zinsscheine (Kupons) nebst Erneuerungsscheinen (Talons, Anweisungen) beigefügt sein. Nur den Schuldverschreibungen, welche in einem dem Fälligkeitstermine der Zinsen unmittelbar vorangehenden Monat eingereicht werden, sind die nächstfälligen Zinsscheine nicht beizufügen.

Rechtsverhältniß nach der Umwandlung.

§. 5.

1. In Betreff der Forderung an Kapital und Zinsen.

Mit der Eintragung in das Staatsschuldbuch erlöschen die Rechte des Inhabers an den eingelieferten Verschreibungen; die Rechte des Gläubigers in Betreff des Kapitals und der Zinsen übt derjenige aus, der im Buch als Gläubiger oder Berechtigter verzeichnet ist.

Verfügungen des Gläubigers über die eingetragene Forderung, wie Abtretungen oder Verpfändungen, erlangen dem Staate gegenüber nur durch die Eintragung Wirksamkeit.

Im Uebrigen finden die für die 4, $3^1/_2$ und 3prozentige konsolidirte Anleihe geltenden Vorschriften, insbesondere also betreffs der Verwendbarkeit des Buchs zur Anlage von Mündelgeldern und zu Staatskautionen, auf die eingetragene Forderung entsprechende Anwendung.

Im Falle einer einstigen Kündigung der Anleihen seitens des Staats — zu welcher es eines Gesetzes bedarf — werden die eingetragenen Gläubiger schriftlich benachrichtigt. Die Wirksamkeit der Kündigung ist von dieser Benachrichtigung nicht abhängig.

§. 6.

2. In Betreff der Zinsen insbesondere. Zahlungswege.

Die Zinsen der eingetragenen Buchforderungen werden in demselben Betrage und in denselben Fälligkeitsterminen wie die der eingelieferten Schuldverschreibungen, also entweder mit vier, dreieinhalb oder drei vom Hundert und halbjährlich entweder in dem Januar- und Juli- oder in dem April- und Oktober-Termin mit rechtlicher Wirkung an denjenigen gezahlt, welcher am zehnten Tage des dem Fälligkeitstermine vorangehenden Monats im Schuldbuch als zum Empfang berechtigt eingetragen ist.

Aenderungen in der Person oder der Wohnung des Zinsenempfängers und Anträge auf eine Aenderung in der Zahlung der Zinsen (Anträge auf Aenderung des Zinszahlungsweges oder auf Zahlung der Zinsen an eine andere Person u. s. w.) können für den nächsten Fälligkeitstermin nur dann auf Berücksichtigung rechnen, wenn die Meldung oder der Antrag betreffs der Aenderung bis zum ersten Tage des diesem Termin voraufgehenden Monats bei der Hauptverwaltung der Staatsschulden eingegangen ist.

Die Hauptverwaltung der Staatsschulden bestimmt, auf welchem Wege die Zahlung erfolgen soll und berücksichtigt dabei thunlichst die Wünsche der Gläubiger.

Zulässige Zahlungswege sind:

1. die direkte Postsendung innerhalb des Deutschen Reichs seitens der Staatsschulden-Tilgungskasse in Berlin W. Taubenstraße 29, und zwar:

   für die nächstfälligen Januar—Juli-Zinsen zwischen dem 17. Juni und 8. Juli und zwischen dem 18. Dezember und 8. Januar;
   für die nächstfälligen April – Oktober-Zinsen zwischen dem 18. März und 8. April und zwischen dem 17. September und 8. Oktober.

   Die Sendung erfolgt an den Berechtigten auf dessen Gefahr und Kosten und zwar:

   a) bei Beträgen bis einschließlich 800 *M.* durch Postanweisung; der Einsendung einer Quittung bedarf es in diesem Falle nicht,
   b) wenn der jedesmalige Betrag 800 *M.* übersteigt und der Berechtigte die Postanweisung nicht ausdrücklich vorzieht, nach vorheriger Einsendung einer Quittung in ordnungsmäßig verschlossenem Briefe mit Werthangabe gegen Empfangsbestätigung.

   Bei Benutzung von Postanweisungen kann verlangt werden, daß der Abgang der Sendung dem Empfangsberechtigten mittels besonderen Schreibens angezeigt werde. Auf besonderen Wunsch wird auch den Adressen der Empfänger der Zusatz »Eigenhändig« hinzugefügt.

   Kommt eine Postsendung als unbestellbar zurück, so unterbleiben weitere Sendungen, bis der Gläubiger die richtige Adresse angezeigt hat.

2. die Abhebung bei einer der nachstehend angegebenen preußischen Kassen:

   a) bei der obengenannten Staatsschulden-Tilgungskasse vom 17. Juni und 18. Dezember bezw. vom 18. März und 17. September ab,

b) bei den Regierungs-Hauptkassen vom 24. Juni und Dezember bezw. März und September ab,

c) bei den mit der Annahme direkter Staatssteuern außerhalb Berlins betrauten Königlichen Kassen (Kreiskassen u. s. w.) sowie bei denjenigen Kassenstellen der Verwaltung der indirekten Steuern, welche bis zum 1. April 1895 mit der Annahme direkter Staatssteuern beauftragt waren (einzelnen Steuerämtern u. s. w.) vom 26. Juni und Dezember bezw. März und September ab.

3. wenn dem zum Empfang der Zinsen Berechtigten ein Girokonto bei der Reichsbank eröffnet ist, die Gutschrift auf diesem Konto durch Vermittelung der Staatsschulden-Tilgungskasse.

Die Baarzahlung bei den Kassen (oben zu 2) geschieht nach Prüfung der Legitimation und Identität des Empfängers gegen dessen Quittung. Die Kassen sind verpflichtet, bei dieser Prüfung nach Maßgabe der allgemeinen Vorschriften gewissenhaft zu verfahren. Zu den Quittungen sind Formulare zu benutzen, von denen dem Berechtigten das erste mit der von der Hauptverwaltung der Staatsschulden ausgehenden Benachrichtigung über die Eintragung in das Staatsschuldbuch zugesandt wird, die demnächst zu verwendenden später an der Zahlungsstelle verabreicht werden.

Wird die Baarzahlung bei einer der oben zu 2 b und c genannten Kassen bis zum Ablauf des mit dem Fälligkeitstermine beginnenden Kalender-Quartals nicht erhoben, so wird der Empfangsberechtigte mit dem Betrage bei der Staatsschulden-Tilgungskasse in Berlin auf eine Restliste gesetzt und die Zahlung kann alsdann erst erfolgen, sobald ein Antrag von dem Berechtigten an diese Kasse direkt gerichtet wird.

Die Zinsen der Buchforderungen verjähren mit dem Ablauf von vier Jahren, vom Tage der Fälligkeit ab gerechnet.

Zweiter Abschnitt.

Wann und wie geschehen die einzelnen Eintragungen und Löschungen im Buch?

A. Eintragungen und Löschungen auf Antrag.

§. 7.

Allgemeine Vorschriften.

Die Eintragungen geschehen in derselben Reihenfolge, in welcher die auf dasselbe Konto bezüglichen Gesuche bei der Hauptverwaltung der Staatsschulden eingegangen sind, die Eintragungen und Löschungen so schnell, als es der Geschäftsgang irgend gestattet, in der Regel innerhalb einer Woche, wenn keinerlei Anstände vorliegen.

Zur Vermeidung von Rückfragen und damit von Verzögerungen der Eintragung ist es besonders wesentlich, daß, wo Formulare zu den Anträgen vorgeschrieben sind, diese vollständig und genau ausgefüllt, daß die Namen der einzutragenden Gläubiger und der zum Zinsempfang berechtigten Personen, sowie die Bezeichnung der Wohnorte und Wohnungen recht deutlich geschrieben, Vor- und Zunamen vollständig, bei Frauen auch der Geburtsname angegeben, daß endlich, wenn ein Vertreter, Bevollmächtigter oder Rechtsnachfolger des bereits eingetragenen Gläubigers Anträge stellt, die Urkunden sofort beigebracht werden, welche zu seiner Legitimation erforderlich sind.

Ebenso empfiehlt es sich, den Anträgen auf solche Einschriften, für welche Gebühren zu erheben sind (§. 20), den Betrag derselben (siehe den Tarif Seite 40) sogleich beizufügen. — Bedingung für die Erledigung der Anträge ist die Vorauszahlung der Gebühren in der Regel nicht.

Eine Prüfung der Gültigkeit der den Anträgen zu Grunde liegenden Rechtsgeschäfte geht den Eintragungen oder Löschungen nicht voraus, wohl aber eine Prüfung der vom Gesetz für die Anträge vorgeschriebenen Form und der Legitimation des Antragstellers. Die Vorschriften hierfür sind verschieden, je nach dem Inhalt der Anträge.

§. 8.

Form der Anträge auf Anlegung eines Kontos oder auf Zuschreibung bei gleichzeitiger Einlieferung von Schuldverschreibungen.

Zu Anträgen auf Anlegung eines Kontos oder Zuschreibung eines Kapitals auf einem zu dem gleichen Zinssatz im Staatsschuldbuch schon angelegten Konto bei gleichzeitiger Einlieferung von Schuldverschreibungen genügt schriftliche Form, d. h. die Unterschrift des Einlieferers ohne Zeugnisse über die Legitimation desselben und ohne Beglaubigung der Unterschrift. Wenn die Eintragung auf den Namen einer juristischen Person, einer Handelsfirma, einer eingetragenen Genossenschaft oder eingeschriebenen Hülfskasse erfolgen soll, ist die rechtliche Existenz des Gläubigers, falls sie nicht notorisch ist, durch eine vorschriftsmäßige öffentliche Urkunde nachzuweisen. Dies gilt insbesondere auch von Sparkassen, Wittwenkassen, Krankenkassen u. a. In den meisten Fällen wird die Beifügung eines Abdrucks der Satzungen genügen. In Bezug auf den einzutragenden oder zuzuschreibenden Kapitalbetrag und die Zinsen kann in der bezeichneten Form gleichzeitig beantragt werden, in Spalte 3 des Kontos eine Beschränkung des Gläubigers betreffs des Kapitals oder der Zinsen, und in Spalte 4 eine dritte Person als zum Zinsempfang berechtigt zu vermerken. Die Personen des Gläubigers, seines gesetzlichen Vertreters und des Zinsempfangsberechtigten sind so deutlich anzugeben, daß spätere Verwechselungen mit anderen Personen von vornherein ausgeschlossen werden.

Wird beantragt, eine unter Vormundschaft stehende Person als Gläubiger einzutragen, so ist bei großjährigen Personen der Grund der Entmündigung (z. B. entmündigt wegen Geisteskrankheit), bei minderjährigen Personen ihr Geburtstag und Geburtsort, andernfalls aber der Name, Stand oder Beruf und letzte Aufenthaltsort des Vaters, in allen Fällen der gesetzliche Vertreter (Vater, Vormund u. s. w.) anzugeben. Als zum Empfang der Zinsen berechtigt können Minderjährige nur dann eingetragen werden, wenn der Vater, Vormund oder Pfleger hierzu seine Genehmigung ertheilt.

Zu den Anträgen und Verzeichnissen sind Formulare zu verwenden (Seite 35 bis 39), welche von dem Staatsschuldbuchbüreau in Berlin und außerhalb Berlins von jeder Königlichen Kasse, welche mit Zahlung von Buchschuldzinsen betraut ist (siehe §. 6), unentgeltlich zu beziehen sind.

Wer Konsols zu verschiedenen Zinssätzen gleichzeitig einreicht, hat für jede Gattung ein besonderes Antragsformular und Verzeichniß zu verwenden.

Ueber Zahl und Nennbetrag der eingelieferten Werthpapiere erhält der Einlieferer sofort nach dem Eingange einen von dem Rendanten und Oberbuchhalter des Staatsschuldbuchbüreaus oder von deren Vertretern unterschriebenen Empfangschein.

Was außerdem noch bei Ausfüllung der Formulare im Einzelnen zu beachten, ist auf einem jeden derselben abgedruckt.

§. 9.

Anträge auf Eintragung von Beschränkungen des Gläubigers zu Gunsten eines Dritten. Verpfändung. Nießbrauch.

Wird beantragt, in Spalte 3 des Kontos eine Beschränkung des Gläubigers in der Verfügung über das eingetragene Kapital oder über die Zinsen zu vermerken, so muß die Art und der Umfang der Beschränkung, sowie die Person, zu deren Gunsten die Beschränkung beabsichtigt ist, aus dem Antrage genau ersichtlich sein. Unzulässig ist ein Vermerk, welcher das Gläubigerrecht nicht nur beschränken, sondern in Betreff der Verfügung über das Kapital völlig aufheben würde. Letztwillige Verfügungen können in rechtswirksamer Weise durch Eintragungsanträge nicht zu Stande kommen.

Die am häufigsten vorkommenden Anträge auf Eintragung einer Beschränkung des Gläubigers in Spalte 3 des Kontos sind nach den bisherigen Erfahrungen folgende:

1. Oft soll die Hauptverwaltung der Staatsschulden verpflichtet werden, nicht ohne Zustimmung eines Dritten Aenderungen im Konto betreffs des Kapitals oder der Zinsen vorzunehmen. In diesem Fall empfiehlt sich für den Antrag folgende Fassung:

   Ich beantrage, in Spalte 3 des Kontos zu vermerken:

   Die Verfügung über die eingetragene Forderung oder einen Theil derselben (über eine Aenderung der Zinszahlung) bedarf der Genehmigung des .... (Stand, Vor- und Zuname, Wohnort und Wohnung).

2. Nicht selten soll der Vormund des Gläubigers gemäß §. 60 der preußischen Vormundschaftsordnung vom 5. Juli 1875 beschränkt werden, indem das Vormundschaftsgericht durch §. 24 des Gesetzes vom 20. Juli 1883 ermächtigt ist, anzuordnen, daß die Eintragung der dem Mündel gehörigen Konsols auf dessen Namen im Staatsschuldbuche beantragt werde.

   Für solche Fälle ist folgende Fassung des Antrages die einfachste:

   Ich beantrage, in Spalte 3 des Kontos zu vermerken:

   Die Verfügung über die eingetragene Forderung oder einen Theil derselben bedarf der

Genehmigung des Vormundschaftsgerichts, jetzt des Amtsgerichts in ....

3. Es soll vermerkt werden, daß Dritten, z. B. Eheleuten, ein Nießbrauchsrecht an der eingetragenen Forderung eingeräumt sei. Dann genügt im Allgemeinen, einen Vermerk dahin zu beantragen:

Den lebenslänglichen Nießbrauch von .... *M* hat der .... (Stand, Vor- und Zuname, Wohnort und Wohnung) und seine Ehefrau .... (Vorname) geb. .... (Geburtsname), und nach dem Tode des Einen, der Ueberlebende ungetheilt.

4. Ist aber einem Dritten der Nießbrauch an der Forderung erst vom Todestage des Gläubigers ab — unabhängig von dem Erbrechte anderer Personen — eingeräumt, so würde zu sagen sein:

Ich beantrage, in Spalte 3 des Kontos zu vermerken:

Den lebenslänglichen Nießbrauch von ... *M* hat vom Todestage des Gläubigers ab der .... (Stand, Vor- und Zuname, Wohnort, Wohnung)

und in Spalte 4 einen entsprechenden Vermerk mit aufzunehmen.

5. Bei Bestellung einer Amtskaution mit der Forderung wäre der Antrag dahin zu fassen:

Es wird beantragt, in Spalte 3 des Kontos folgenden Vermerk einzutragen:

Die Forderung von .... *M* ist dem .... (Preußischen Staate) als Amtskaution verpfändet und haftet für alle von dem Gläubiger aus seiner Amtsführung zu vertretenden Schäden und Mängel an Kapital und Zinsen, sowie an gerichtlichen und außergerichtlichen Kosten der Ermittelung des Schadens.

§. 10.

Anträge auf Zahlung der Zinsen an einen Dritten.

In Spalte 4 können als zum Zinsempfange berechtigt auch andere Personen (Firmen oder Kassen), wie der eingetragene Gläubiger, für einen bestimmten Betrag aber kann in der Regel nur Eine Person vermerkt werden. Eine Ausnahme von der letzteren Bestimmung ist z. B. zulässig, wenn die Zinsen bei einer zu ihrer Zahlung ermächtigten Kasse (s. §. 6) abgehoben werden sollen. Es dürfen in diesen Fällen zwei Personen (A oder B) als wahlweise (alternativ) zu deren Empfang berechtigt vermerkt werden. Bei Sendung der Zinsen durch die Post und im Fall ihrer Gutschrift auf Reichsbank-Girokonto ist ein solcher Vermerk nicht statthaft.

Dem lediglich in Spalte 4 als zum Empfang der Zinsen berechtigt eingetragenen Dritten stehen beim Buche im Allgemeinen nur die Rechte eines zur Empfangnahme der Zinsen Bevollmächtigten zu. Der betreffende Vermerk kann daher ohne dessen Zustimmung auf Antrag des eingetragenen Kontogläubigers oder seines Rechtsnachfolgers jederzeit wieder gelöscht werden. Soll die Löschung von der Zustimmung des Zinsenempfängers abhängig sein, so bedarf es außerdem der Eintragung eines entsprechenden Beschränkungsvermerks zu seinen Gunsten in der für Beschränkungen des Gläubigers bestimmten Spalte 3 des Schuldbuchs (§. 9).

§. 11.

Verfügung der Eintragung.

Entsprechen die Anträge vorstehenden Andeutungen der §§. 8 bis 10, so geschieht die Anlegung des Kontos auf den Namen der von dem Einlieferer der Schuldverschreibungen in dem Antrage als Gläubiger bezeichneten Person, und wenn die letztere schon ein Konto in dem Buche für die betreffende Anleihe besitzt, die Zuschreibung auf diesem Konto in Spalte 1, 3 und 4.

§. 12.

Form der Anzeigen von Aenderungen in der Person oder der Wohnung des Gläubigers oder des Zinsenempfängers. Form des Widerrufs einer Vollmacht. Form des Antrags auf Aenderung des Zahlungsweges für die Zinsen.

Die einfache schriftliche Form genügt ferner für folgende Anzeigen und Anträge:

1. für die Anzeige von Aenderungen in der Person oder der Wohnung des Gläubigers oder des Zinsenempfängers (Verheirathung einer Frau, Aenderung des Standes oder Gewerbes, Wohnorts oder Wohnung), bei welchen also die Person des Berechtigten an sich dieselbe bleibt. Die Richtigkeit ist auf Verlangen durch eine öffentliche Urkunde darzuthun;
2. für den Widerruf einer Vollmacht und insbesondere für Anträge des Gläubigers auf Zahlung der Zinsen an ihn selbst, statt an die bisher auf dem Konto in Spalte 4 als empfangsberechtigt bezeichnete Person, vorausgesetzt, daß aus Spalte 3 keine Beschränkung des Antragstellers in dieser Richtung erhellt;
3. für Anträge auf Aenderung des Zinszahlungsweges (Post oder Kasse) ohne Aenderung des Empfangsberechtigten.

§. 13.

Form anderer Anträge als der in den §§. 8 und 12 erwähnten. Form einer Vollmacht zur Verfügung über die Forderung.

Andere als die im Eingang des §. 8 und im §. 12 erwähnten Anträge, insbesondere also Anträge:

1. auf nachträgliche Eintragung einer Beschränkung oder auf Löschung einer Beschränkung in der Spalte 3 eines Kontos,

2. auf nachträglichen Vermerk eines anderen Zinsempfangsberechtigten in Spalte 4 an Stelle des eingetragenen,
3. auf theilweise oder gänzliche Uebertragung der eingetragenen Forderung auf ein anderes Konto,
4. auf erneute Ausfertigung und Ausreichung von Staatsschuldverschreibungen gegen Löschung der eingetragenen Forderung oder eines Theils derselben, sowie
5. Vollmachten für einen Dritten zur Verfügung über die Forderung

müssen, wenn sie nicht von öffentlichen Behörden ausgehen, gerichtlich oder notariell oder von einem Konsul des Deutschen Reichs aufgenommen oder beglaubigt sein. Anträge öffentlicher Behörden bedürfen, wenn sie ordnungsmäßig unterschrieben und untersiegelt sind, keiner Beglaubigung. Im Uebrigen unterliegen die von öffentlichen Behörden ausgestellten oder aufgenommenen Urkunden — beispielsweise die Bescheinigungen über die Befugniß zur Verfügung über eine in Abtheilung VII des Buches eingetragene Masse (s. §. 2) — den Vorschriften des Reichsgesetzes, betreffend die Beglaubigung öffentlicher Urkunden vom 1. Mai 1878 (RGB. S. 89).

Sind seit der Eintragung Aenderungen in der Person des Gläubigers (Verheirathung einer Frau, Aenderungen des Gewerbes, Standes, Namens, Wohnorts) eingetreten, so kann außerdem verlangt werden, daß die Identität durch eine öffentliche Urkunde dargethan werde.

Denselben Formvorschriften unterliegen Erklärungen, welche ein Dritter abgiebt, zu dessen Gunsten der eingetragene Gläubiger in Bezug auf die Forderung oder deren Zinserträgnisse durch einen Vermerk im Staatsschuldbuch beschränkt ist, wenn der Antrag des Gläubigers von ihm, wie erforderlich, genehmigt werden soll.

Der Antrag eines Taubstummen, Blinden, Schreibunkundigen oder einer der deutschen Sprache nicht mächtigen Person bedarf zu seiner Gültigkeit der für die Verträge solcher Personen vorgeschriebenen Form.

§. 14.

Legitimation des Antragstellers bei Anträgen der im §. 13 bezeichneten Art. Rechtsnachfolger von Todeswegen.

Bei den im §. 13 bezeichneten Anträgen tritt außerdem eine Prüfung der Legitimation des Antragstellers nach folgenden Vorschriften ein.

Zur Stellung solcher Anträge sind nur der eingetragene Gläubiger, seine gesetzlichen Vertreter und Bevollmächtigten, sowie diejenigen Personen berechtigt, auf welche die eingetragene Forderung von Todeswegen übergegangen ist.

Ehefrauen und großjährige Personen unter väterlicher Gewalt werden zu Anträgen ohne Zustimmung des Ehemanns und Vaters zugelassen.

Zur Stellung von Anträgen für eine Firma gilt als berechtigt, wer zur Zeichnung der Firma berechtigt ist; zur Stellung von Anträgen für eine in Abtheilung VI des Buches eingetragene Vermögensmasse die Behörde, welche deren Verwaltung führt oder beaufsichtigt, oder die von derselben bezeichnete Person; für eine in Abtheilung VII des Buches eingetragene Vermögensmasse der zur Verfügung über die Masse befugte Verwalter.

Die Vertreter der Handelsfirmen, der eingetragenen Genossenschaften und der eingeschriebenen Hülfskassen haben bei Stellung der Anträge durch eine öffentliche Urkunde den Nachweis zu erbringen, daß die Antragsteller zur Zeichnung für die Firma oder zur Vertretung der Genossenschaft oder Kasse legitimirt sind.

Gesetzliche Vertreter haben mit den Anträgen ihre Legitimation als solche (Bestallung 2c.), Bevollmächtigte ihre Vollmacht vorzulegen.

Rechtsnachfolger von Todeswegen haben sich, sofern ihre Berechtigung auf der gesetzlichen Erbfolge beruht, durch eine Bescheinigung als Erben, sofern dieselbe auf letztwilliger Verfügung beruht, durch eine Bescheinigung darüber auszuweisen, daß sie über die eingetragene Forderung zu verfügen befugt sind.

Zur Ausstellung der vorgedachten Bescheinigungen ist dasjenige Gericht, bei welchem der Erblasser zur Zeit seines Todes seinen ordentlichen Gerichtsstand hatte, und sofern derselbe im Deutschen Reich einen solchen nicht hatte, derjenige Konsul des Deutschen Reichs, in dessen Amtsbezirk der Erblasser zur Zeit seines Todes seinen Wohnsitz oder gewöhnlichen Aufenthalt gehabt hat, falls dem Konsul von dem Reichskanzler die Ermächtigung zur Ausstellung solcher Bescheinigungen ertheilt ist, und, in Ermangelung eines hiernach zuständigen Konsuls, sowie im Falle der Ablehnung des zuständigen deutschen außerpreußischen Gerichts, das Amtsgericht I in Berlin zuständig.

Mehrere Erben haben zur Stellung von Anträgen und zur Empfangnahme von Schuldverschreibungen eine einzelne Person zum Bevollmächtigten zu bestellen

Den Anträgen der Rechtsnachfolger von Todeswegen müssen die erwähnte Bescheinigung und die Vollmacht beiliegen.

§. 15.

Löschung einer Beschränkung des Gläubigers insbesondere.

Den Anträgen auf Löschung einer Beschränkung in Spalte 3 des Kontos ist die im §. 13 bezogene Genehmigungserklärung derjenigen Personen, zu deren Gunsten der eingetragene Gläubiger beschränkt ist, und bei persönlichen unvererblichen Einschränkungen des Gläubigerrechts oder des Verfügungsrechts, welche durch den Tod des Berechtigten erloschen sind, die Sterbeurkunde (der Todtenschein) des letzteren beizufügen. In letzterem Fall wird durch die Löschung das Recht auf den Bezug rückständiger Leistungen nicht berührt.

§. 16.

Uebertragung auf ein anderes Konto. Theillöschungen. Löschungen gegen Ausreichung neuer Schuldverschreibungen.

Außerdem bleibt für die im §. 13 unter den Nummern 3 und 4 aufgeführten Anträge Folgendes zu beachten:

Uebertragungen auf ein anderes Konto sind nur insofern zulässig, als dies Konto in dem Staatsschuldbuch für die gleichhoch verzinsliche Anleihe angelegt ist oder angelegt werden soll.

Theilübertragungen und Theillöschungen sind nur zulässig, sofern sowohl die Beträge, deren Uebertragung oder Löschung beantragt wird, als auch die Restbeträge, über welche eine Verfügung nicht stattfinden soll, in Schuldverschreibungen der betreffenden konsolidirten Anleihe darstellbar sind. Dies gilt für jedes Konto, und außerdem betreffs der 4prozentigen Anleihe bei dem einzelnen Konto für jeden Posten besonders, wenn es sich um Forderungen handelt, welche aus mehreren, zu verschiedenen Terminen verzinslichen Posten (Januar — Juli und April — Oktober) zusammengesetzt sind. Demgemäß ist bei Anträgen auf Theilübertragungen und Theillöschungen zu einem Konto der 4prozentigen Anleihe mit verschiedenen Zinsterminen auch anzugeben, ob die Uebertragung oder Löschung eines Theilbetrages mit Januar — Juli- oder mit April — Oktober-Zinsen gewünscht wird.

Wird beantragt, daß eine eingetragene Forderung ganz oder theilweise gegen Ausreichung von Schuldverschreibungen der entsprechenden konsolidirten Anleihe zu gleichem Nennwerthe gelöscht werden soll, so geschieht mit der Löschung die Ausreichung an den dazu von der Hauptverwaltung der

Staatsschulden legitimirt befundenen Berechtigten durch die von ihr bestimmte Kasse nach Prüfung der Identität des Berechtigten gegen Quittung.

Hat der Berechtigte die Zusendung durch die Post innerhalb des Deutschen Reichs in der §. 13 Absatz 1 angegebenen beglaubigten Form beantragt, so ist die Hauptverwaltung der Staatsschulden ermächtigt, diesem Antrage zu entsprechen. Die Sendung geschieht alsdann auf Gefahr und Kosten des Berechtigten. Der Posteinlieferungsschein dient bis zum Eingang der Quittung als Rechnungsbelag.

Postsendungen, welchen Inhaberpapiere beiliegen, werden nach dem vollen Werthe deklarirt, insofern nicht der Berechtigte in beglaubigter Form (§. 13 Absatz 1) eine minderwerthige Deklarirung beantragt hat.

B. Eintragungen und Löschungen von Amtswegen.

§. 17.

Gerichtliche Pfändung ꝛc. Ueberweisung an Zahlungsstatt.

Von Amtswegen ist auf dem Konto in Spalte 3 zu vermerken: eine im Wege der Zwangsvollstreckung oder des Arrestes erfolgte Pfändung oder vorläufige Beschlagnahme der Forderung und eine durch eine einstweilige gerichtliche Verfügung angeordnete Beschränkung des eingetragenen Gläubigers. Ist die gepfändete Forderung einem Dritten an Zahlungsstatt überwiesen, so wird dieselbe auf ein für diesen angelegtes oder noch anzulegendes Konto übertragen.

§. 18.

Ermächtigung der Hauptverwaltung der Staatsschulden zur Löschung einer Forderung und Hinterlegung der Staatsschuldverschreibungen.

Die Hauptverwaltung der Staatsschulden kann die von Amtswegen bewirkte Eintragung einer Beschränkung in Spalte 3 im Interesse der Uebersichtlichkeit des Staatsschuldbuchs als Anlaß nehmen zur Löschung des ganzen Kontos oder eines Theils der auf dem Konto eingetragenen Forderung mit folgender Maßgabe. Durch das Gesetz vom 20. Juli 1883 ist die Hauptverwaltung ermächtigt, in 5 Fällen von Amtswegen auf Kosten des Gläubigers eine eingetragene Forderung zu löschen und die dagegen auszufertigenden Schuldverschreibungen an die Hinterlegungsstelle in Berlin auszuliefern:

1. wenn die Eintragung von Verpfändungen oder sonstigen Verfügungsbeschränkungen beantragt wird;
2. wenn die Forderung ganz oder theilweise im Wege der Zwangsvollstreckung oder des Arrestes gepfändet oder eine einstweilige gerichtliche Verfügung über dieselbe getroffen ist;
3. wenn über das Vermögen des eingetragenen Gläubigers der Konkurs eröffnet worden ist;
4. wenn die Zinsen des eingetragenen Kapitals 10 Jahre hintereinander nicht abgehoben worden sind;
5. wenn glaubhaft bekannt geworden ist, daß der Gläubiger vor länger als 10 Jahren verstorben ist und ein Rechtsnachfolger sich nicht legitimirt hat.

Ein gleiches Verfahren findet gemäß §§. 214 ff. Thl. I. Tit. 16 A. L. R. statt, wenn die Legitimation des Gläubigers zur Geltendmachung seiner Forderung aus anderen Gründen zu Bedenken Anlaß giebt.

Die hinterlegten Schuldverschreibungen treten in allen rechtlichen Beziehungen an die Stelle der gelöschten Forderung. Der Hinterlegungsstelle werden Abschrift des Kontos und, falls die ganze Forderung im Buche gelöscht ist, die auf das Konto bezüglichen Akten unter gleichzeitiger Benachrichtigung der Betheiligten mitgetheilt.

§. 19.

C. Benachrichtigungen über erfolgte Eintragungen oder Löschungen.

Ueber die Eintragung von Forderungen und Vermerken, sowie über die verfügte Auslieferung von Schuldverschreibungen an Stelle zur Löschung gelangter Forderungen wird dem Antragsteller und, falls der Berechtigte ein Anderer ist, auch diesem eine Benachrichtigung ertheilt. Auf jedes Benachrichtigungsschreiben über Eintragung einer Buchforderung wird in einer besonders in die Augen fallenden Form der Vermerk gesetzt:

> Dies Schriftstück gilt nicht als eine über die Forderung ausgestellte Verschreibung.

Besondere Verschreibungen werden über Buchforderungen nicht ausgefertigt.

Die Mittheilung der Benachrichtigungsschreiben geschieht mittels verschlossener Briefe durch die Post, und sofern es besonders beantragt wird, mit der Bezeichnung: »Einschreiben«.

§. 20.

D. Gebühren.

An Gebühren werden erhoben:

1. für die Umwandlung von Staatsschuldverschreibungen in Buchschulden des Staats, sowie für sonstige Eintragungen und Löschungen, jede Einschrift in das Staatsschuldbuch besonders gerechnet, 25 Pfennig von je angefangenen 1 000 *M.* des Betrages, über den verfügt wird, zusammen mindestens 1 *M.*;
2. für die Ausreichung von Staatsschuldverschreibungen für je angefangene 1 000 *M.* Kapitalbetrag 50 Pfennig, zusammen mindestens 1 *M.*

Als Eine Einschrift gelten die mittels der gleichen Verfügung auf Einem Konto bewirkten Eintragungen und Löschungen.

Die laufende Verwaltung und Vermerke über Bevollmächtigungen, über Aenderungen in der Person oder der Wohnung des eingetragenen Gläubigers oder Zinsberechtigten, sowie über Aenderungen des Zinszahlungsweges sind gebührenfrei.

Die Gebühren werden von dem Antragsteller, soweit nöthig, im Verwaltungszwangsverfahren eingezogen. Auch kann die Vorausbezahlung der Gebühren gefordert werden.

Den Tarif siehe Seite 40.

Die durch das Gerichtskostengesetz und die Gebührenordnung für Notare vom 25. Juni 1895 (G. S. S. 203 bezw. 256) theilweise ermäßigten Gebühren für die gerichtliche oder notarielle Beglaubigung der Anträge in Schuldbuchsachen (§§. 13, 14) betragen:

bei Beträgen bis 2 000 *M.* höchstens 1 *M.* 50 *Pf.*
bei Beträgen über 2000 *M.* höchstens 3 *M.*

Anhang.

1. Muster zu den Konten des Staatsschuldbuchs.

($3\frac{1}{2}$ bezw. 3 prozentige Buchschuld.)
Konto № Gläubiger:
Aenderungen in der Person (Bezeichnung) des Gläubigers:
(Behörde, welche die Verwaltung der Masse
führt — beaufsichtigt —.)

1.		2.						3.	4.		
Betrag der Forderung		Abschreibungen						Beschränkungen des Gläubigers	Die Zinsen zu empfangen ist berechtigt:		
		a. Uebertragen auf das Konto:			b. Umgewandelt in 4 ($3\frac{1}{2}$ bezw. 3) prozentige konsolidirte Staatsschuldverschreibungen:						
M.		Abtheilung	Nummer	M.	Litr.	Nummer	Betrag M.			halbjährlich mit M.	Pf.

2. Muster zu Anträgen auf Anlegung eines Kontos gegen Einlieferung von Schuldverschreibungen.

An
die Hauptverwaltung der Staatsschulden
(Schuldbuch-Angelegenheit)
Berlin S. W.
frei. Oranienstraße 92/94.

.........................., den ....ten .... 18..........

Die Hauptverwaltung der Staatsschulden erhält hierbei die in dem anliegenden Verzeichniß aufgeführten .... Stück Schuldverschreibungen der preußischen konsolidirten ...... prozentigen Staatsanleihe über zusammen .... M., schreibe (in Worten) .... Mark, nebst den dazu gehörigen Zinsscheinen über die seit 1. .... 18.......... laufenden Zinsen und den Anweisungen zur Abhebung neuer Zinsscheine mit dem Antrage:

1. die gedachten .... M. auf den Namen:*)

....

in .... Kreis ....

.... Straße Nr. ....

in das Staatsschuldbuch einzutragen;

*) Hier sind Vor- und Familiennamen, bei Frauen zugleich der Geburtsname, Beruf oder Stand, Wohnort und Wohnung so vollständig und so deutlich anzugeben, daß spätere Verwechselungen und Irrthümer thunlichst vermieden werden.

2. die fälligen Zinsen durch die Post (durch die Königliche .... Kasse in ....)
an*) .... wohnhaft in ....
.... Kreis ....
.... Straße Nr. ....
zahlen zu lassen.
**)

---

*) S. die Bemerkung auf der vorigen Seite.

**) Der Schluß dieser und die folgende Seite sind zu benutzen für die etwaigen Beschränkungen des Gläubigers in Bezug auf das Kapital oder die Zinserträgnisse, welche eingetragen werden sollen (wie z. B. Verpfändungen, Nießbrauchsbestellungen u. a.).

Soll die Eintragung auf den Namen einer juristischen Person, einer Handelsfirma, einer eingetragenen Genossenschaft, einer eingeschriebenen Hülfskasse erfolgen, so ist die rechtliche Existenz des Gläubigers durch eine vorschriftsmäßige öffentliche Urkunde nachzuweisen.

Wenn eine Vermögensmasse ohne juristische Persönlichkeit als Gläubiger einzutragen ist, so muß der Fall, in welchem eine Behörde die Verwaltung der Masse führt oder beaufsichtigt, streng getrennt werden von demjenigen, in welchem Privatpersonen die Verfügung über die Masse zusteht. In ersterem Fall ist die Behörde genau anzugeben, auch auf Verlangen der Hauptverwaltung die Eigenschaft der Behörde als einer öffentlichen und ihre Zuständigkeit durch geeignete Urkunden nachzuweisen. Im letzteren Fall sind die gerichtlichen oder notariellen Urkunden, durch welche die Privatpersonen sich als zur Verfügung über die Masse befugt ausweisen, dem Antrage stets sofort beizulegen.

Am Schluß ist der obige Antrag vom Antragsteller zu unterschreiben.

3. Muster zu Anträgen auf Zuschreibung gegen Einlieferung von Schuldverschreibungen.

An
die Hauptverwaltung der Staatsschulden
(Schuldbuch-Angelegenheit)

Berlin S.W.
frei. Oranienstraße 92/94.

.........................., den ....ten .... 18.........

Die Hauptverwaltung der Staatsschulden erhält hierbei die in dem anliegenden Verzeichniß aufgeführten .... Stück Schuldverschreibungen der preußischen konsolidirten .... prozentigen Staatsanleihe über zusammen .... *M.*, schreibe ....
.... Mark,
nebst den dazu gehörigen Zinsscheinen über die seit 1. .... 18.......... laufenden Zinsen und den Anweisungen zur Abhebung neuer Zinsscheine mit dem Antrage:

1. die gedachten .... *M.* zusätzlich auf das Konto: .... der Abtheilung .... de ....
....
in .... Kreis ....
.... Straße Nr. ....
in das Staatsschuldbuch einzutragen;

2. die fälligen Zinsen durch die Post (durch die Königliche .... Kasse in ....)
an d...
....
....
wohnhaft in .... Kreis ....
.... Straße Nr. ....
zahlen zu lassen.

4. Muster für die Verzeichnisse der zur Umwandlung eingelieferten Schuldverschreibungen.

Verzeichniß

der mit Antrag des .... vom ....ten .... 18......
eingelieferten Schuldverschreibungen der preußischen konsolidirten .... prozentigen Staatsanleihe.

(Zu ordnen nach den verschiedenen Zinsterminen (Januar — Juli, April — Oktober), und innerhalb dieser beiden Arten nach den Littern, für jede Littera aber nach der Nummernfolge.)

Spalte 1. Laufende Nr.	Litt.	Nummern	Betrag des einzelnen Stückes M.	Betrag für jeden Werthabschnitt M.	Spalte 2. Laufende Nr.	Litt.	Nummern	Betrag des einzelnen Stückes M.	Betrag für jeden Werthabschnitt M.
a. mit Zinsscheinen über im Januar und Juli fällige Zinsen.							(Soweit die Spalte 1 nicht ausreicht, sind die Spalten 2 und folgende zu benutzen.)		
1	A	2 473	5 000						
2	»	2 476	»	10 000					
3	B	4 673	2 000						
4	»	$10\,380/\overset{11}{90}$	»						
5	»	11 760	»	26 000					
6	C	70 536	1 000	1 000					
7	D	19 216	500						
8	»	20 355	»	1 000					
9	E	18 309	300						
10	»	$20\,576/\overset{3}{8}$	»						
11	»	30 682	»	1 500					
			Summe a	39 500					
b. mit Zinsscheinen über im April und Oktober fällige Zinsen.									
12	D	$766\,001/\overset{30}{30}$	500	15 000					
13	J	1 280	3 000	3 000					
			Summe b	18 000					
			Gesammtbetrag	57 500					

Mit den Schuldverschreibungen müssen die dazu gehörigen Zinsscheine nebst Anweisungen abgeliefert werden. Nur den Schuldverschreibungen welche in einem dem Fälligkeitstermine der Zinsen unmittelbar vorangehenden Monat eingereicht werden, sind die nächstfälligen Zinsscheine nicht beizufügen.

5. Gebührentarif.

Es werden erhoben:		
wenn verfügt wird über ein Kapital	für jede Einschrift in das Staatsschuldbuch.	für die Ausreichung neuer Konsols und für die damit verbundene Löschung der Buchforderung.
bis 2 000 ℳ.	1,00 ℳ.	2,00 ℳ.
von mehr als 2 000 » 3 000 »	1,00 »	2,50 »
» » » 3 000 » 4 000 »	1,00 »	3,00 »
» » » 4 000 » 5 000 »	1,25 »	3,75 »
» » » 5 000 » 6 000 »	1,50 »	4,50 »
» » » 6 000 » 7 000 »	1,75 »	5,25 »
» » » 7 000 » 8 000 »	2,00 »	6,00 »
» » » 8 000 » 9 000 »	2,25 »	6,75 »
» » » 9 000 » 10 000 »	2,50 »	7,50 »
» » » 10 000 » 11 000 »	2,75 »	8,25 »
» » » 11 000 » 12 000 »	3,00 »	9,00 »
» » » 12 000 » 13 000 »	3,25 »	9,75 »
» » » 13 000 » 14 000 »	3,50 »	10,50 »
» » » 14 000 » 15 000 »	3,75 »	11,25 »
» » » 15 000 » 16 000 »	4,00 »	12,00 »
» » » 16 000 » 17 000 »	4,25 »	12,75 »
» » » 17 000 » 18 000 »	4,50 »	13,50 »
» » » 18 000 » 19 000 »	4,75 »	14,25 »
» » » 19 000 » 20 000 »	5,00 »	15,00 »
und so fort.		

Bemerkungen:

1. Vermerke über Bevollmächtigungen, sowie über Aenderungen in der Person oder der Wohnung des Kapitalgläubigers oder Zinsberechtigten, sowie über Aenderung des Weges, auf welchem die Zinsen gezahlt werden sollen, sind gebührenfrei.
2. Als Eine Einschrift gelten die mittels der gleichen Verfügung auf Einem Konto bewirkten Eintragungen und Löschungen.

Berlin, gedruckt in der Reichsdruckerei.
490/91. 96/97.

Amtliche Nachrichten

über das

Preußische Staatsschuldbuch.

Siebente Ausgabe.

Nach den Gesetzen vom 20. Juli 1883 (G. S. S. 120), 12. April 1886 (G. S. S. 124) und vom 8. Juni 1891 (G. S. S. 105)
und den
Ausführungsbestimmungen des Herrn Finanzministers vom 18. Juni 1891 und 30. Oktober 1901 (Reichs- und Staatsanzeiger vom 20. Juni 1891, No. 143, und vom 21. November 1901, No. 276; Min. Bl. f. d. inn. Verw. v. 1891, S. 77, und von 1901, S. 254; Just. Min. Bl. v. 1891, S. 178, und von 1901, S. 270).

Berlin, 1902.

Vorwort zur siebenten Ausgabe.

Die nachstehende siebente Ausgabe der amtlichen Nachrichten enthält zahlreiche durch die am 1. Januar 1900 in Kraft getretenen Gesetze veranlaßte Veränderungen der früheren Ausgaben.

Berlin, den 2. April 1902.

Hauptverwaltung der Staatsschulden.

v. Hoffmann.

Inhalt.

Seite

Einleitung.

Erster Abschnitt.

Allgemeine Bestimmungen.

Rechtsverhältniß nach der Umwandlung.

Zweiter Abschnitt.

Wann und wie geschehen die einzelnen Eintragungen und Löschungen im Buch?

A. Eintragungen und Löschungen auf Antrag.

Anhang.

Einleitung.

Zweck und Bedeutung des Staatsschuldbuchs.

Die Einrichtung des Preußischen Staatsschuldbuchs hat den Zweck, das Forderungsrecht zu sichern, welches die Gläubiger durch den Erwerb der auf den **Inhaber** lautenden Schuldverschreibungen der Preußischen konsolidirten Anleihen erlangt haben. Durch die Eintragung der Forderung in das Schuldbuch auf den **Namen** des Gläubigers wird sein Recht sowohl in Betreff des Kapitals als in Betreff der halbjährlich zahlbaren Zinsen unabhängig von dem Besitz der über die Forderung ausgestellten von ihm an die Hauptverwaltung der Staatsschulden eingelieferten Urkunden, welche sofort, nachdem die Eintragung in das Buch verfügt worden ist, kassirt werden. **Der Gläubiger kann sich auf diese Weise in vollem Umfange gegen die Gefahr schützen, durch den zufälligen Verlust oder eine wesentliche Beschädigung der Schuldverschreibung oder der Zinsscheine das Forderungsrecht selbst einzubüßen.** In Betreff der Zinsscheine ist diese Gefahr besonders erheblich, da sie im Fall des Verlustes oder Diebstahls nicht gerichtlich für kraftlos erklärt werden können. Aber auch in Betreff der Schuldverschreibungen gewährt selbst die sorgfältigste Aufbewahrung das wünschenswerthe Maß von Sicherheit nicht, denn das Papier kann von einem Dritten, als ihm abhanden gekommen, aufgeboten und für kraftlos erklärt werden, wogegen durch beständige Achtsamkeit auf die zum Zwecke des Aufgebots ergehenden Bekanntmachungen

Vorkehr getroffen werden müßte Die früher zulässige Außerkurssetzung von Schuldverschreibungen auf den Inhaber findet seit dem 1. Januar 1900 nicht mehr statt.

Auf den Inhaber lautende Zinsscheine werden für die Buchforderungen nicht ausgegeben. Das zur Einlösung der Zinsscheine halbjährlich nothwendige Abschneiden derselben und das Erneuern der Zinsscheinbogen gegen Rückreichung der Erneuerungsscheine wird erspart.

An der hergebrachten Art der Begebung der Staatsanleihen ist durch die Einrichtung des Buchs nichts geändert.

Nur der Besitz umlaufsfähiger Effekten der oben genannten Anleihen, nicht die Einlieferung anderer Werthpapiere oder die Einzahlung baaren Geldes, berechtigt zur Eintragung. Auch die bei neuen Anleihen zur Ausgabe kommenden Interimsscheine eignen sich nicht zur Eintragung in das Schuldbuch. Der Einlieferer der Konsols kann beantragen, daß entweder sein Name oder daß der Name eines Dritten als Gläubiger im Buch eingetragen werde. Die Eintragung erfolgt auf besonderen, für die Gläubiger angelegten Konten. Der Gläubiger kann später Zu- und Abschreibungen auf seinem Konto vornehmen lassen. Er behält das freie Verfügungsrecht über seine Forderung; Vermerke im Schuldbuch zu Gunsten eines Dritten, welche die Rechte des Gläubigers beschränken, sind zulässig (Nießbrauch, Pfandrecht u. a.). Die Abtretung der Buchforderung an eine andere Person kann durch Uebertragung auf ein für die Letztere neu anzulegendes oder bereits angelegtes Konto erfolgen. Der Berechtigte kann jederzeit und ohne daß es einer besonderen Kündigung bedarf, verlangen, daß ihm gegen Löschung der Forderung im Buch neue Inhaberpapiere von derselben Gattung wie die früher eingelieferten ausgereicht werden.

Erster Abschnitt.

Allgemeine Bestimmungen.

§. 1.

Zuständige Behörde Pflicht der Beamten zum Stillschweigen über den Inhalt des Buchs

Die Bearbeitung der Angelegenheiten des Staatsschuldbuchs erfolgt durch die Hauptverwaltung der Staatsschulden, die Führung des Buchs in einem besonderen Büreau derselben, dem Staatsschuldbuchbüreau.

Alle schriftlichen Anträge, Anfragen und Gesuche in Angelegenheiten des Buchs sind zu adressiren:

An
die Hauptverwaltung der Staatsschulden
(Schuldbuch-Angelegenheit)
Berlin S.W. 68.
frei. Oranienstraße 92/94.

Beziehen sie sich auf ein schon angelegtes Konto, so ist in dem Gesuch u. s. w. die Nummer dieses Kontos und die Abtheilung des Buchs anzugeben.

Die Beamten des Büreaus sind auch zur persönlichen Annahme von Anträgen und zur mündlichen Erledigung von Anfragen werktäglich von 9 bis 1 Uhr, **mit Ausnahme der letzten beiden Geschäftstage jedes Monats,** bereit.

Den Beamten des Büreaus ist das unverbrüchlichste Stillschweigen über die zu ihrer Kenntniß gelangenden Vermögensangelegenheiten der Buchgläubiger ausdrücklich zur Pflicht gemacht.

§. 2.

Einrichtung des Staatsschuldbuchs.

Es wird ein Buch für die Gläubiger der $3\frac{1}{2}$ vormals 4 prozentigen, ein Buch für die Gläubiger der $3\frac{1}{2}$ prozentigen und ein Buch für die Gläubiger der 3 prozentigen konsolidirten Staatsanleihe geführt.

Jedes dieser Bücher zerfällt in 7 Abtheilungen:

I für physische Personen,
II für Handelsfirmen,
III für eingetragene Genossenschaften,
IV für eingeschriebene Hülfskassen,
V für juristische Personen,
zu III bis V, sofern sie im Gebiete des Deutschen Reichs ihren Sitz haben,
VI für Vermögensmassen ohne juristische Persönlichkeit, wie Stiftungen, Anstalten, Familienfideikommisse, bestimmten Zwecken gewidmete Einzelfonds, deren Verwaltung von einer öffentlichen Behörde oder unter deren Aufsicht geführt wird,
VII für Vermögensmassen, deren Verwalter ihre Verfügungsbefugniß über die Masse durch eine gerichtliche oder notarielle Urkunde nachweisen,
zu VI und VII ist es gleich, ob die Verwaltung innerhalb des Gebiets des Deutschen Reichs oder ob sie im Auslande geführt wird.

Für jede Abtheilung werden in fortlaufender Nummernfolge soviel einzelne Konten angelegt, als Gläubiger einzutragen sind. In jedem der Bücher darf der Gläubiger nur Ein Konto erhalten. Jedes Konto darf nur für Eine Person, Firma, Kasse oder Vermögensmasse angelegt sein. Das Muster für die Konten siehe Seite 36. Danach hat jedes Konto außer der Ueberschrift 4 Spalten:

Spalte 1 für den Betrag der Forderung,
» 2 für Abschreibungen,
» 3 für Beschränkungen des Gläubigers,
» 4 für Angabe des zum Zinsenempfang Berechtigten, des Zahlungswegs, des Fälligkeitstermins und des halbjährlichen Zinsenbetrages.

Von jedem Konto des Staatsschuldbuchs wird eine vollständige Abschrift gebildet, in fortgesetzter Uebereinstimmung mit der Urschrift gehalten und getrennt in einem besonderen Gebäude aufbewahrt. Die Abschrift wird spätestens eine Woche nach Herstellung der Urschrift niedergelegt.

§. 3.

Wem ist die Benutzung des Buchs zu empfehlen?

Jeder Inhaber Preußischer Konsols kann von der Einrichtung des Staatsschuldbuchs Gebrauch machen. Zu empfehlen dürfte die Benutzung des Buchs jedem Besitzer von Konsols sein, welcher dieselben als dauernde Kapitalanlage betrachtet, von der Sorge um die Sicherheit der Aufbewahrung der Schuldverschreibungen und Zinsscheine befreit sein will und Werth auf eine möglichst einfache und zeitige Uebermittelung seiner Zinsen legt, für die Fälle aber, in denen er an Stelle der Buchforderung wieder Inhaberpapiere wünscht, die Mühe seiner Legitimation (§. 14) nicht scheut. Zahlreiche Privatpersonen des In- und Auslandes, Handelsfirmen, Kirchengemeinden, Schulgemeinden u. a., sowie die Verwalter von Stiftungen, Fideikommissen, Mündelgeldern, Sparkassen und anderen zur Eintragung geeigneten Vermögensmassen haben bereits vielfach die angedeuteten Vortheile anerkannt.

Am 1. März 1902 waren in dem Buch auf 30 287 Konten Forderungen in Höhe von zusammen 1 574 281 400 *M.* eingetragen. Von den Konten waren 18 338 für physische, 5 513 für juristische Personen, 5 771 für Vermögensmassen ohne juristische Persönlichkeit und 665 für andere Gläubiger angelegt.

Zur Sicherung der **Mündelgelder** haben seit dem Bestehen des Staatsschuldbuchs die Vormünder, und in Preußen auch die Gerichte vielfach von seiner Einrichtung Gebrauch gemacht. Das Bürgerliche Gesetzbuch weist ausdrücklich auf die Benutzung des Staatsschuldbuchs zu diesem Zwecke hin, indem es in den §§. 1815 und 1816 bestimmt, daß der Vormund die dem Mündel gehörigen Konsols in Buchforderungen umwandeln lassen kann, wenn er in das Schuldbuch den Vermerk eintragen läßt, daß er über die Forderungen nur mit Genehmigung des Vormundschaftsgerichts verfügen darf.

Auf Grund genereller Allerhöchster Genehmigung ist es auch gestattet, den für Offiziere vom Hauptmann zweiter Klasse u. s. w. abwärts bei Nachsuchung des Heirathskonsenses erforderlichen Vermögensnachweis durch eine in das Staatsschuldbuch eingetragene Buchschuld zu führen (Bekanntmachungen des Preuß. Kriegsministeriums vom 7. Mai 1885, Armee-Verordnungsblatt S. 107, und des Chefs der Admiralität vom 8. September 1886, Marine-Verordnungsblatt S. 189).

Kautionen können durch Verpfändung von Staatsschuldbuchforderungen bestellt werden.

Auskunft über den Inhalt des Buchs erhält nur der eingetragene Gläubiger, sein gesetzlicher Vertreter, sein Bevollmächtigter und sein Rechtsnachfolger von Todeswegen, sowie bezüglich eingetragener Genossenschaften, eingeschriebener Hülfskassen, juristischer Personen und Vermögensmassen die zur Revision der Kassen derselben berechtigte öffentliche Behörde oder Person und letztere auch nur, falls ihre Berechtigung zur Kassenrevision durch eine Deutsche öffentliche Behörde bescheinigt ist.

§. 4.

Allgemeine Voraussetzung für die Umwandlung von Schuldverschreibungen in Buchschulden des Staats.

Die Umwandlung der Schuldverschreibungen in Buchschulden auf bestimmte Namen erfolgt gegen Einlieferung der Verschreibungen auf den Antrag des Inhabers durch Eintragung in das Buch.

Die Verschreibungen müssen zum Umlauf brauchbar, dürfen also nicht gerichtlich für kraftlos erklärt oder von einem Gericht oder einer mit Vollstreckungsbefugniß ausgestatteten Behörde mit Beschlag belegt sein. Die Umwandlung befleckter oder beschädigter Stücke ist zulässig, wenn nach dem Ermessen der Hauptverwaltung der Antragsteller sich als der rechtmäßige Besitzer der umzuwandelnden Schuldverschreibungen ausgewiesen hat.

Den Schuldverschreibungen müssen die dazu gehörigen noch nicht fälligen Zinsscheine nebst Erneuerungsscheinen beigefügt sein. Nur den Schuldverschreibungen, welche in einem dem Fälligkeitstermine der Zinsen unmittelbar vorangehenden Monat eingereicht werden, sind die nächstfälligen Zinsscheine nicht beizufügen.

Rechtsverhältniß nach der Umwandlung.

§. 5.

1. In Betreff der Forderung an Kapital und Zinsen.

Mit der Eintragung in das Staatsschuldbuch erlöschen die Rechte des Inhabers an den eingelieferten Verschreibungen; die Rechte des Gläubigers in Betreff des Kapitals und der Zinsen übt derjenige aus, der im Buch als Gläubiger oder Berechtigter verzeichnet ist.

Verfügungen des Gläubigers über die eingetragene Forderung, wie Abtretungen oder Verpfändungen, erlangen dem Staate gegenüber nur durch die Eintragung Wirksamkeit.

Im Uebrigen finden die für die konsolidirten Anleihen geltenden Vorschriften auf die eingetragene Forderung entsprechende Anwendung.

§. 6.

2. In Betreff der Zinsen insbesondere. Zahlungswege.

Die Zinsen der eingetragenen Buchforderungen werden in demselben Betrage und in denselben Fälligkeitsterminen wie die der eingelieferten Schuldverschreibungen, also entweder mit dreieinhalb oder drei vom Hundert und halbjährlich entweder in dem Januar- und Juli- oder in dem April- und Oktober-Termin mit rechtlicher Wirkung an denjenigen gezahlt, welcher am zehnten Tage des dem Fälligkeitstermine vorangehenden Monats im Schuldbuch als zum Empfang berechtigt eingetragen ist.

Aenderungen in der Person oder der Wohnung des Zinsenempfängers und Anträge auf eine Aenderung in der Zahlung der Zinsen können für den nächsten Fälligkeitstermin nur dann auf Berücksichtigung rechnen, wenn die Meldung oder der Antrag betreffs der Aenderung bis zum ersten Tage des diesem Termin voraufgehenden Monats bei der Hauptverwaltung der Staatsschulden eingegangen ist.

Die Hauptverwaltung der Staatsschulden bestimmt, auf welchem Wege die Zahlung erfolgen soll und berücksichtigt dabei die Wünsche der Gläubiger, soweit die darüber ergangenen Vorschriften es zulassen.

Zulässige Zahlungswege sind:

1. die direkte Postsendung innerhalb des Deutschen Reichs seitens der Staatsschulden-Tilgungskasse in Berlin W. 8. Taubenstraße 29, und zwar:
   für die nächstfälligen Januar—Juli-Zinsen zwischen dem 17. Juni und 8. Juli und zwischen dem 18. Dezember und 8. Januar;
   für die nächstfälligen April—Oktober-Zinsen zwischen dem 18. März und 8. April und zwischen dem 17. September und 8. Oktober;

Die Sendung erfolgt an den Berechtigten auf dessen Gefahr und Kosten durch Postanweisung oder, wenn der jedesmalige Betrag 800 *M.* übersteigt und der Berechtigte die Postanweisung nicht ausdrücklich vorzieht, in ordnungsmäßig verschlossenem Briefe mit Werthangabe gegen Empfangsbestätigung.

Bei Benutzung von Postanweisungen kann verlangt werden, daß der Abgang der Sendung dem Empfangsberechtigten mittelst besonderen Schreibens angezeigt werde. Auf besonderen Wunsch wird auch den Adressen der Empfänger der Zusatz »Eigenhändig« hinzugefügt.

Kommt eine Postsendung als unbestellbar zurück, so unterbleiben weitere Sendungen, bis der Gläubiger die richtige Adresse angezeigt hat.

2. Die Abhebung bei einer der nachstehend angegebenen Zahlstellen:

a) bei der obengenannten Staatsschulden-Tilgungskasse und bei der Reichsbank-hauptkasse in Berlin vom 17. Juni und 18. Dezember bezw. vom 18. März und 17. September ab,

b) bei den Regierungshauptkassen, den sämmtlichen Reichsbankhauptstellen und Reichsbankstellen vom 24. Juni und Dezember bezw. März und September ab,

c) bei den Kreiskassen außerhalb Berlins und den mit Kasseneinrichtung versehenen Reichsbanknebenstellen, sowie bei den Hauptsteuerämtern in Brandenburg a. H. und Eberswalde, den Steuerämtern in Aschersleben, Gransee, Hechingen, Schönebeck, Schwedt, Spandau, Wernigerode, Wittstock, Wriezen, dem Hauptzollamte in Wolgast und dem Nebenzollamte in Barth vom 26. Juni und Dezember bezw. März und September ab.

3. wenn dem zum Empfang der Zinsen Berechtigten ein Girokonto bei der Reichsbank eröffnet ist, die Gutschrift auf diesem Konto durch Vermittelung der Staatsschulden-Tilgungskasse.

Die Baarzahlung bei den Zahlstellen (oben zu 2) geschieht nach Prüfung der Legitimation und Identität des Empfängers gegen dessen Quittung. Die Zahlstellen sind verpflichtet, bei dieser Prüfung nach Maßgabe der allgemeinen Vorschriften gewissenhaft zu verfahren. Zu den Quittungen sind Formulare zu benutzen, von denen dem Berechtigten das erste mit der von der Hauptverwaltung der Staatsschulden ausgehenden Benachrichtigung über die Eintragung in das Staatsschuldbuch zugesandt wird, die demnächst zu verwendenden später an der Zahlungsstelle verabreicht werden.

Wird die Baarzahlung bei der Reichsbankhauptkasse oder bei einer der oben zu 2b und c genannten Zahlstellen bis zum Ablauf des mit dem Fälligkeitstermine beginnenden Kalender-Quartals nicht erhoben, so wird der Empfangsberechtigte mit dem Betrage bei der Staatsschulden-Tilgungskasse in Berlin auf eine Restliste gesetzt und die Zahlung kann alsdann erst erfolgen, sobald ein Antrag von dem Berechtigten an diese Kasse direkt gerichtet wird.

Der **Anspruch auf Zinsen erlischt,** wenn sie nicht binnen vier Jahren abgehoben werden. Diese Frist beginnt mit dem Schlusse des Jahres, in welchem die Fälligkeit der Zinsen eintritt.

Zweiter Abschnitt.

Wann und wie geschehen die einzelnen Eintragungen und Löschungen im Buch?

A. Eintragungen und Löschungen auf Antrag.

§. 7.

Allgemeine Vorschriften.

Die Eintragungen geschehen in derselben Reihenfolge, in welcher die auf dasselbe Konto bezüglichen Gesuche bei der Hauptverwaltung der Staatsschulden eingegangen sind. Die Anträge auf Eintragungen und Löschungen werden in der Regel in wenigen Tagen erledigt, und zwar diejenigen auf Löschungen, soweit es sich nicht um Summen von ungewöhnlicher Höhe handelt, längstens innerhalb einer Woche.

Zu beachten ist die Bestimmung in §. 22 des Gesetzes über das Staatsschuldbuch vom 20. Juli 1883 (Ges.-Samml. S. 120), wonach Anträge auf Eintragung oder Löschung von Forderungen und Vermerken, welche in dem, dem Fälligkeitstermine der Zinsen voraufgehenden Monate eingereicht werden, erst nach Ablauf desselben zu erledigen sind. Thatsächlich hat indessen die Hauptverwaltung der Staatsschulden von der ihr hierdurch eingeräumten Befugniß, dergleichen Anträge erst im nächsten Monate zu erledigen, noch niemals Gebrauch zu machen nöthig gehabt.

Zur Herbeiführung einer Löschung ist keine vorherige Kündigung erforderlich.

Zur Vermeidung von Rückfragen und damit von Verzögerungen der Eintragung ist es besonders wesentlich, daß, wo Formulare zu den Anträgen vorgeschrieben sind, diese vollständig und genau ausgefüllt, daß die Namen der einzutragenden Gläubiger und der zum Zinsenempfang berechtigten Personen, sowie die Bezeichnung der Wohnorte und Wohnungen recht deutlich geschrieben, Vor- und Zunamen vollständig, bei Frauen auch der Geburtsname angegeben, daß endlich, wenn ein Vertreter, Bevollmächtigter oder Rechtsnachfolger des bereits eingetragenen Gläubigers Anträge stellt, die Urkunden sofort beigebracht werden, welche zu seiner Legitimation erforderlich sind.

Ebenso empfiehlt es sich, den Anträgen auf solche Einschriften, für welche Gebühren zu erheben sind (§. 20), den Betrag derselben (siehe den Tarif Seite 43) sogleich beizufügen. — Bedingung für die Erledigung der Anträge ist die Vorauszahlung der Gebühren in der Regel nicht.

Eine Prüfung der Gültigkeit der den Anträgen zu Grunde liegenden Rechtsgeschäfte geht den Eintragungen oder Löschungen nicht voraus, wohl aber eine Prüfung der vom Gesetz für die Anträge vorgeschriebenen Form und der Legitimation des Antragstellers.

§. 8.

Form der Anträge auf Anlegung eines Kontos oder auf Zuschreibung bei gleichzeitiger Einlieferung von Schuldverschreibungen.

Zu Anträgen auf Anlegung eines Kontos oder Zuschreibung eines Kapitals auf einem zu dem gleichen Zinssatz im Staatsschuldbuch schon angelegten Konto bei gleichzeitiger Einlieferung von Schuldverschreibungen genügt schriftliche Form, d. h. die Unterschrift des Einlieferers ohne Zeugnisse über die Legitimation desselben und ohne Beglaubigung der Unterschrift. Wenn die Eintragung auf den Namen einer juristischen Person, einer Handelsfirma, einer eingetragenen Genossenschaft oder eingeschriebenen Hülfskasse erfolgen soll, ist die rechtliche Existenz des Gläubigers, falls sie nicht notorisch ist, durch eine vorschriftsmäßige öffentliche Urkunde nachzuweisen. Dies gilt insbesondere auch von Sparkassen, Wittwenkassen, Krankenkassen u. a. In den meisten Fällen wird die Beifügung eines Abdrucks der Satzungen genügen. In Bezug auf den einzutragenden oder zuzuschreibenden Kapitalbetrag und die Zinsen kann in der bezeichneten Form gleichzeitig beantragt werden, in Spalte 3 des Kontos eine Beschränkung des Gläubigers betreffs des Kapitals oder der Zinsen, und in Spalte 4 eine dritte Person als zum Zinsenempfang berechtigt zu vermerken. Die Personen des Gläubigers, seines gesetzlichen Vertreters und des Zinsenempfangsberechtigten sind so deutlich anzugeben, daß spätere Verwechselungen mit anderen Personen von vornherein ausgeschlossen werden.

Wird beantragt, eine unter Vormundschaft stehende Person als Gläubiger einzutragen, so ist bei volljährigen Personen der Grund der Entmündigung (z. B. entmündigt wegen Geisteskrankheit), bei minderjährigen Personen ihr Geburtstag und Geburtsort, andernfalls aber der Name, Stand oder Beruf und letzte Aufenthaltsort des Vaters, in allen Fällen der gesetzliche Vertreter (Vater, Mutter — sofern sie die elterliche Gewalt ausübt, Vormund u. s. w.) anzugeben. Als zum Empfang der Zinsen berechtigt können Minderjährige nur dann eingetragen werden, wenn ihr gesetzlicher Vertreter hierzu seine Genehmigung ertheilt.

Zu den Eintragungsanträgen und Verzeichnissen sind Formulare zu verwenden (Seite 37 bis 40 und 42), welche von dem Staatsschuldbuchbüreau in Berlin und außerhalb Berlins von den Königlichen Kassen und den Reichsbankanstalten, welche mit Zahlung von Buchschuldzinsen betraut sind (siehe §. 6), unentgeltlich zu beziehen sind.

Wer Konsols zu verschiedenen Zinssätzen gleichzeitig einreicht, hat für jede Gattung ein besonderes

Antragsformular und Verzeichniß zu verwenden. Dies gilt insbesondere auch für gleichzeitige Einreichungen von Konsols der vormals 4 prozentigen, jetzt $3^1/_2$ prozentigen und der $3^1/_2$ prozentigen Anleihe.

Ueber Zahl und Nennbetrag der eingelieferten Werthpapiere erhält der Einlieferer sofort nach dem Eingange einen von dem Rendanten und dem Oberbuchhalter des Staatsschuldbuchbüreaus oder von deren Vertretern unterschriebenen Empfangschein. Hieraus folgt, daß dann, wenn ein Bankgeschäft im Auftrage einer Person Staatsschuldverschreibungen mit dem Antrage auf Anlegung eines Kontos für diese oder auf Zuschreibung auf deren Konto einliefert, der Empfangschein dem **Bankgeschäfte** als dem **thatsächlichen Einlieferer,** und **nicht seinem Auftraggeber** ertheilt werden muß.

Was außerdem noch bei Ausfüllung der Formulare im Einzelnen zu beachten, ist auf einem jeden derselben abgedruckt.

§. 9.

Anträge auf Eintragung von Beschränkungen des Gläubigers zu Gunsten eines Dritten. Verpfändung. Nießbrauch

Wird beantragt, in Spalte 3 des Kontos eine Beschränkung des Gläubigers in der Verfügung über das eingetragene Kapital oder über die Zinsen zu vermerken, so muß die Art und der Umfang der Beschränkung, sowie die Person, zu deren Gunsten die Beschränkung beabsichtigt ist, aus dem Antrage genau ersichtlich sein. Unzulässig ist ein Vermerk, welcher das Gläubigerrecht nicht nur beschränken, sondern völlig aufheben würde. Letztwillige Verfügungen können in rechtswirksamer Weise durch Eintragungsanträge nicht zu Stande kommen.

Außerdem bleibt für einzelne besondere Fälle noch Folgendes zu beachten:

1. Oft soll die Hauptverwaltung der Staatsschulden verpflichtet werden, nicht ohne Zustimmung eines Dritten Aenderungen im Konto betreffs

des Kapitals oder der Zinsen vorzunehmen. In diesem Fall empfiehlt sich für den Antrag folgende Fassung:

Ich beantrage, in Spalte 3 des Kontos zu vermerken:

Die Verfügung über die eingetragene Forderung (über eine Aenderung der Zinsenzahlung) bedarf der Genehmigung des.... .... (Stand, Vor- und Zuname, Wohnort und Wohnung).

2. Der **Vormund** des Gläubigers soll gemäß §§. 1815, 1816 des Bürgerlichen Gesetzbuchs beschränkt werden, wenn er die dem Mündel gehörigen Konsols in Buchforderungen umwandeln läßt, oder wenn Buchforderungen zum Vermögen des Mündels gehören.

Für solche Fälle ist folgende Fassung des Antrages die einfachste:

Ich beantrage, in Spalte 3 des Kontos zu vermerken:

Die Verfügung über die eingetragene Forderung bedarf bis zur Volljährigkeit des Gläubigers der Genehmigung des Vormundschaftsgerichts, jetzt des Amtsgerichts in ....

3. Es soll vermerkt werden, daß Dritten, z. B. Eheleuten, ein Nießbrauchsrecht an der eingetragenen Forderung eingeräumt sei. Dann genügt im Allgemeinen, einen Vermerk dahin zu beantragen:

Den lebenslänglichen Nießbrauch von....*M.* hat der .... (Stand, Vor- und Zuname, Wohnort und Wohnung) und seine Ehefrau .... (Vorname) geb. .... (Geburtsname), und nach dem Tode des Einen, der Ueberlebende ungetheilt.

4 Ist aber einem Dritten der Nießbrauch an der Forderung erst vom Todestage des Gläubigers

ab — unabhängig von dem Erbrechte anderer Personen — eingeräumt, so würde zu sagen sein:

Ich beantrage, in Spalte 3 des Kontos zu vermerken:

Den lebenslänglichen Nießbrauch von ... M. hat vom Todestage des Gläubigers ab der .... (Stand, Vor- und Zuname, Wohnort, Wohnung)

und in Spalte 4 einen entsprechenden Vermerk mit aufzunehmen.

5. Bei Bestellung einer Amtskaution mit der Forderung wäre der Antrag dahin zu fassen:

Es wird beantragt, in Spalte 3 des Kontos folgenden Vermerk einzutragen:

Die Forderung von .... M. ist dem .... als Amtskaution verpfändet und haftet für alle von dem Gläubiger aus seiner Amtsführung zu vertretenden Schäden und Mängel an Kapital und Zinsen, sowie an gerichtlichen und außergerichtlichen Kosten der Ermittelung des Schadens.

§. 10.

Anträge auf Zahlung der Zinsen an einen Dritten.

In Spalte 4 können als zum Zinsenempfange berechtigt auch andere Personen (Firmen oder Kassen), wie der eingetragene Gläubiger, für einen bestimmten Betrag aber kann in der Regel nur Eine Person vermerkt werden. Eine Ausnahme von der letzteren Bestimmung ist z. B. zulässig, wenn die Zinsen bei einer zu ihrer Zahlung ermächtigten Kasse (s. §. 6) abgehoben werden sollen. Es dürfen in diesen Fällen zwei Personen als wahlweise **(A oder B)** oder auch als gemeinschaftlich **(A und B)** zu deren Empfange berechtigt vermerkt werden. Bei Sendung der Zinsen durch die

Post ist die wahlweise Bezeichnung mehrerer Personen als Empfänger nicht statthaft.

Dem lediglich in Spalte 4 als zum Empfang der Zinsen berechtigt eingetragenen Dritten steht im Allgemeinen nur ein widerrufliches Recht zum Zinsenempfange zu. Der betreffende Vermerk kann daher ohne Zustimmung des Zinsenempfängers auf Antrag des eingetragenen Kontogläubigers oder seines Rechtsnachfolgers jederzeit wieder gelöscht werden. Soll die Löschung von der Zustimmung des Zinsenempfängers abhängig sein, so bedarf es außerdem der Eintragung eines entsprechenden Beschränkungsvermerks zu seinen Gunsten in der für Beschränkungen des Gläubigers bestimmten Spalte 3 des Schuldbuchs (§. 9).

§. 11.

Verfügung der Eintragung.

Entsprechen die Anträge vorstehenden Andeutungen der §§. 8 bis 10, so geschieht die Anlegung des Kontos auf den Namen der von dem Einlieferer der Schuldverschreibungen in dem Antrage als Gläubiger bezeichneten Person, und wenn die letztere schon ein Konto in dem Buch für die betreffende Anleihe besitzt, die Zuschreibung auf diesem Konto in Spalte 1, 3 und 4.

§. 12.

Form der Anzeigen von Aenderungen in der Person oder der Wohnung des Gläubigers oder des Zinsenempfängers. Form des Widerrufs einer Vollmacht. Form des Antrags auf Aenderung des Zahlungsweges für die Zinsen.

Die einfache schriftliche Form genügt ferner für folgende Anzeigen und Anträge:

1. für die Anzeige von Aenderungen in der Person oder der Wohnung des Gläubigers oder des Zinsenempfängers (Verheirathung einer Frau, Aenderung des Standes oder Gewerbes,

Wohnorts oder Wohnung), bei welchen also die Person des Berechtigten an sich dieselbe bleibt. Die Richtigkeit ist auf Verlangen durch eine öffentliche Urkunde darzuthun;

2. für den **Widerruf einer Vollmacht** und insbesondere für Anträge des Gläubigers auf Zahlung der Zinsen an ihn selbst, statt an die bisher auf dem Konto in Spalte 4 als empfangsberechtigt bezeichnete Person, vorausgesetzt, daß aus Spalte 3 keine Beschränkung des Antragstellers in dieser Richtung erhellt;
3. für Anträge auf **Aenderung des Zinsenzahlungsweges** (Post oder Kasse) ohne Aenderung des Empfangsberechtigten.

§. 13.

Form anderer Anträge als der in den §§. 8 und 12 erwähnten. Form einer Vollmacht zur Verfügung über die Forderung.

Andere als die im Eingang des §. 8 und im §. 12 erwähnten Anträge, insbesondere also Anträge:

1. auf **nachträgliche** Eintragung einer Beschränkung oder auf **Löschung** einer Beschränkung in der Spalte 3 eines Kontos,
2. auf **nachträglichen** Vermerk eines anderen Zinsenempfangsberechtigten in Spalte 4 an Stelle des eingetragenen,
3. auf theilweise oder gänzliche **Uebertragung** der eingetragenen Forderung auf ein anderes Konto,
4. auf erneute Ausfertigung und **Ausreichung von Staatsschuldverschreibungen gegen Löschung** der eingetragenen Forderung oder eines Theils derselben,

sowie ferner **Vollmachten** für einen Dritten zur Verfügung über die Forderung müssen, wenn sie nicht von öffentlichen Behörden ausgehen, gerichtlich oder notariell oder von einem Konsul des Deutschen Reichs aufgenommen oder beglaubigt sein. Anträge öffentlicher Behörden bedürfen, wenn sie ordnungsmäßig unterschrieben und untersiegelt sind, keiner Beglaubigung. Im Uebrigen unterliegen die von öffentlichen Behörden ausgestellten oder aufgenommenen Urkunden — beispielsweise die Bescheinigungen über die Befugniß zur Verfügung über eine in Abtheilung VII des Buchs eingetragene Masse (s. §. 2) — den Vorschriften des Reichsgesetzes, betreffend die Beglaubigung öffentlicher Urkunden vom 1. Mai 1878 (RGB. S. 89).

Sind seit der Eintragung Aenderungen in der Person des Gläubigers (Verheirathung einer Frau, Aenderungen des Gewerbes, Standes, Namens, Wohnorts) eingetreten, so kann außerdem verlangt werden, daß die Identität durch eine öffentliche Urkunde dargethan werde.

Denselben Formvorschriften unterliegen Erklärungen, welche ein Dritter abgiebt, zu dessen Gunsten der eingetragene Gläubiger in Bezug auf die Forderung oder deren Zinsenerträgnisse durch einen Vermerk im Staatsschuldbuch beschränkt ist, wenn der Antrag des Gläubigers von ihm, wie erforderlich, genehmigt werden soll.

§. 14.

Legitimation des Antragstellers bei Anträgen der im §. 13 bezeichneten Art. Rechtsnachfolger von Todeswegen.

Bei den im §. 13 bezeichneten Anträgen tritt außerdem eine Prüfung der Legitimation des Antragstellers nach folgenden Vorschriften ein.

Zur Stellung **solcher** Anträge sind (abgesehen von dem Falle, daß ein Ehemann mit Zustimmung der Ehefrau die Eintragung eines Beschränkungsvermerkes auf ihrem Schuldbuchkonto beantragt — Artikel 97 des Einführungsgesetzes zum Bürgerlichen Gesetzbuch —) **nur** der eingetragene Gläubiger, seine gesetzlichen Vertreter und Bevollmächtigten, sowie diejenigen Personen berechtigt, auf welche die eingetragene Forderung von Todeswegen übergegangen ist.

Eine **Ehefrau** wird zu Anträgen ohne Zustimmung des Ehemannes zugelassen, es sei denn, daß ein ihre freie Verfügung beschränkender Vermerk im Staatsschuldbuch eingetragen steht.

Zur Stellung von Anträgen für eine Firma gilt als berechtigt, wer zur Zeichnung der Firma berechtigt ist; zur Stellung von Anträgen für eine in Abtheilung VI des Buchs eingetragene Vermögensmasse die Behörde, welche deren Verwaltung führt oder beaufsichtigt, oder die von derselben bezeichnete Person; für eine in Abtheilung VII des Buchs eingetragene Vermögensmasse der zur Verfügung über die Masse befugte Verwalter.

Die Vertreter der Handelsfirmen, der eingetragenen Genossenschaften und der eingeschriebenen Hülfskassen haben bei Stellung der Anträge durch eine öffentliche Urkunde den Nachweis zu erbringen, daß die Antragsteller zur Zeichnung für die Firma oder zur Vertretung der Genossenschaft oder Kasse legitimirt sind.

Gesetzliche Vertreter haben mit den Anträgen ihre Legitimation als solche (Bestallung 2c.), Bevollmächtigte ihre Vollmacht vorzulegen.

Anträge, welche eine Verfügung über eine Forderung enthalten, die für eine unter **Vormundschaft** oder **Pflegschaft** stehende Person eingetragen ist (z. B. Anträge auf Löschung oder Uebertragung dieser Forderung), sind durch den Vormund oder Pfleger zu stellen, und zwar:

a) sofern ein Gegenvormund vorhanden ist, mit dessen Genehmigung,

b) sofern ein Gegenvormund nicht vorhanden ist, mit Genehmigung des Vormundschaftsgerichts,

es sei denn, daß eine der besonderen durch das Bürgerliche Gesetzbuch bestimmten Ausnahmen, die hier nicht einzeln aufzuzählen sind, Platz greift.

Rechtsnachfolger von Todeswegen haben sich, sofern ihre Berechtigung auf der gesetzlichen Erbfolge beruht, durch eine Bescheinigung als Erben, sofern dieselbe auf letztwilliger Verfügung beruht, durch eine Bescheinigung darüber auszuweisen, daß sie über die eingetragene Forderung zu verfügen befugt sind.

Zur Ausstellung dieser Bescheinigungen ist das Nachlaßgericht und, falls der Erblasser zur Zeit des Erbanfalls im Inlande weder Wohnsitz noch Aufenthalt hatte, auch derjenige Konsul des Reichs zuständig, in dessen Amtsbezirk der Erblasser zur Zeit des Erbanfalls seinen Wohnsitz oder seinen gewöhnlichen Aufenthalt hatte, sofern dem Konsul von dem Reichskanzler die Ermächtigung zur Ausstellung solcher Bescheinigungen ertheilt ist.

Mehrere Erben haben zur Stellung von Anträgen und zur Empfangnahme von Schuldverschreibungen eine einzelne Person zum Bevollmächtigten zu bestellen.

Den Anträgen der Rechtsnachfolger von Todeswegen müssen die erwähnte Bescheinigung und, wenn der Fall des vorhergehenden Absatzes vorliegt, die Vollmacht beigefügt werden.

Ein **Testamentsvollstrecker** hat sich durch ein Zeugniß des Nachlaßgerichts über seine Ernennung auszuweisen.

§. 15.

Löschung einer Beschränkung des Gläubigers insbesondere.

Den Anträgen auf Löschung einer Beschränkung in Spalte 3 des Kontos ist die im §. 13 bezogene Genehmigungserklärung derjenigen Personen, zu deren Gunsten der eingetragene Gläubiger beschränkt ist, und bei persönlichen unvererblichen Einschränkungen des Gläubigerrechts oder des Verfügungsrechts, welche durch den Tod des Berechtigten erloschen sind, die Sterbeurkunde (der Todtenschein) des letzteren beizufügen. In letzterem Fall wird durch die Löschung das Recht auf den Bezug rückständiger Leistungen nicht berührt.

§. 16.

Uebertragung auf ein anderes Konto. Theillöschungen. Löschungen gegen Ausreichung neuer Schuldverschreibungen.

Für die im §. 13 unter den Nummern 3 und 4 aufgeführten Anträge bleibt außerdem Folgendes zu beachten:

Uebertragungen auf ein anderes Konto sind nur insofern zulässig, als die Konten nicht bestimmungsgemäß getrennt zu halten sind (vgl. oben §. 2, Abs. 1).

Theilübertragungen und Theillöschungen sind nur zulässig, sofern sowohl die Beträge, deren Uebertragung oder Löschung beantragt wird, als auch die Restbeträge, über welche eine Verfügung nicht stattfinden soll, in Schuldverschreibungen der betreffenden konsolidirten Anleihe darstellbar sind. Dies gilt für jedes Konto, und außerdem betreffs der $3^1/_2$ vormals 4prozentigen Anleihe bei dem einzelnen Konto für jeden Posten besonders, wenn es sich um Forderungen handelt, welche aus mehreren, zu verschiedenen Terminen verzinslichen Posten (Januar—Juli und April—Oktober) zusammengesetzt sind. Demgemäß ist bei Anträgen auf Theilübertragungen und Theillöschungen zu einem Konto der $3^1/_2$ vormals 4prozentigen Anleihe mit verschiedenen Zinsenterminen auch anzugeben, ob die Uebertragung oder Löschung eines Theilbetrages mit Januar—Juli- oder mit April—Oktober-Zinsen gewünscht wird.

Wenn der Gläubiger durch eine Eintragung in Spalte 3 beschränkt ist, so kann die Uebertragung auf ein anderes Konto nur dann erfolgen, wenn der nach Spalte 3 Berechtigte in der in §. 13 bezeichneten Form zustimmt.

Wird beantragt, daß eine eingetragene Forderung ganz oder theilweise gegen Ausreichung von Schuldverschreibungen der entsprechenden konsolidirten Anleihe zu gleichem Nennwerthe gelöscht werden soll, so geschieht mit der Löschung die Ausreichung an den dazu von der Hauptverwaltung der

Staatsschulden legitimirt befundenen Berechtigten durch die von ihr bestimmte Kasse nach Prüfung der Identität des Berechtigten gegen Quittung.

Hat der Berechtigte die Zusendung durch die Post innerhalb des Deutschen Reichs in der in §. 13 Absatz 1 angegebenen beglaubigten Form beantragt, so ist die Hauptverwaltung der Staatsschulden ermächtigt, diesem Antrage zu entsprechen. Die Sendung geschieht alsdann auf Gefahr und Kosten des Berechtigten. Der Posteinlieferungsschein dient bis zum Eingang der Quittung als Rechnungsbelag.

Postsendungen, welchen Inhaberpapiere beiliegen, werden nach dem vollen Werthe deklarirt, insofern nicht der Berechtigte in beglaubigter Form (§. 13 Absatz 1) eine minderwerthige Deklarirung beantragt hat.

B. Eintragungen und Löschungen von Amtswegen.

§. 17.

Gerichtliche Pfändung.

Von Amtswegen ist auf dem Konto in Spalte 3 zu vermerken: eine im Wege der Zwangsvollstreckung oder des Arrestes erfolgte Pfändung oder vorläufige Beschlagnahme der Forderung und eine durch eine einstweilige gerichtliche Verfügung angeordnete Beschränkung des eingetragenen Gläubigers.

§. 18.

Ermächtigung der Hauptverwaltung der Staatsschulden zur Löschung einer Forderung und Hinterlegung der Staatsschuldverschreibungen.

Durch das Gesetz vom 20. Juli 1883 ist die Hauptverwaltung ermächtigt, in 5 Fällen von Amtswegen auf Kosten des Gläubigers eine eingetragene Forderung zu löschen und die dagegen auszufertigenden Schuldverschreibungen an die Hinterlegungsstelle in Berlin auszuliefern:

1. wenn die Eintragung von Verpfändungen oder sonstigen Verfügungsbeschränkungen beantragt wird;
2. wenn die Forderung ganz oder theilweise im Wege der Zwangsvollstreckung oder des Arrestes gepfändet oder eine einstweilige gerichtliche Verfügung über dieselbe getroffen ist;
3. wenn über das Vermögen des eingetragenen Gläubigers der Konkurs eröffnet worden ist;
4. wenn die Zinsen des eingetragenen Kapitals 10 Jahre hintereinander nicht abgehoben worden sind;
5. wenn glaubhaft bekannt geworden ist, daß der Gläubiger vor länger als 10 Jahren verstorben ist und ein Rechtsnachfolger sich nicht legitimirt hat.

Ein gleiches Verfahren findet gemäß §. 372 des Bürgerlichen Gesetzbuchs statt, wenn der Gläubiger im Verzuge der Annahme ist, oder wenn seine Legitimation zur Geltendmachung der Forderung aus einem in seiner Person liegenden Grunde oder in Folge einer Ungewißheit über die Person des Gläubigers zu Bedenken Anlaß giebt.

Die hinterlegten Schuldverschreibungen treten in allen rechtlichen Beziehungen an die Stelle der gelöschten Forderung. Der Hinterlegungsstelle werden Abschrift des Kontos und, falls die ganze Forderung im Buch gelöscht ist, die auf das Konto bezüglichen Akten unter gleichzeitiger Benachrichtigung der Betheiligten mitgetheilt.

§. 19.

C. Benachrichtigungen über erfolgte Eintragungen oder Löschungen.

Ueber die Eintragung von Forderungen und Vermerken, sowie über die verfügte Auslieferung von Schuldverschreibungen an Stelle zur Löschung gelangter

Forderungen wird dem Antragsteller und, falls der Berechtigte ein Anderer ist, auch diesem eine Benachrichtigung ertheilt. Auf jedes Benachrichtigungsschreiben über Eintragung einer Buchforderung wird in einer besonders in die Augen fallenden Form der Vermerk gesetzt:

Dies Schriftstück gilt nicht als eine über die Forderung ausgestellte Verschreibung.

Besondere Verschreibungen werden über Buchforderungen nicht ausgefertigt.

Die Mittheilung der Benachrichtigungsschreiben geschieht mittelst verschlossener Briefe durch die Post, und sofern es besonders beantragt wird, mit der Bezeichnung: »Einschreiben«.

§. 20.

D. Gebühren.

An Gebühren werden erhoben:

1. für die Umwandlung von Staatsschuldverschreibungen in Buchschulden des Staats, sowie für sonstige Eintragungen und Löschungen, jede Einschrift in das Staatsschuldbuch besonders gerechnet, 25 Pfennig von je angefangenen 1000 *M.* des Betrages, über den verfügt wird, zusammen mindestens 1 *M.*;
2. für die Ausreichung von Staatsschuldverschreibungen für je angefangene 1000 *M.* Kapitalbetrag 50 Pfennig, zusammen mindestens 1 *M.*

Als Eine Einschrift gelten die mittelst der gleichen Verfügung auf Einem Konto bewirkten Eintragungen und Löschungen. $3^1/_2$ vormals 4 prozentige und $3^1/_2$ prozentige Forderungen desselben Gläubigers werden als Ein Konto behandelt.

Die laufende Verwaltung und Vermerke über Bevollmächtigungen, über Aenderungen in der Person oder der Wohnung des eingetragenen Gläubigers oder

Zinsenempfängers, sowie über Aenderungen des Zinsenzahlungsweges sind gebührenfrei.

Die Gebühren werden von dem Antragsteller, soweit nöthig, im Verwaltungszwangsverfahren eingezogen. Auch kann die Vorausbezahlung der Gebühren gefordert werden.

Den Tarif siehe Seite 43.

Die durch das Gerichtskostengesetz und die Gebührenordnung für Notare festgesetzten Gebühren für die gerichtliche oder notarielle Beglaubigung der Anträge in Schuldbuchsachen (§§. 13, 14) betragen:

bei Beträgen bis 2 000 *M.* **höchstens** 1 *M.* 50 *Pf.*
bei Beträgen über 2 000 *M.* **höchstens** 3 *M.*

Anhang.

1. Muster zu den Konten des Staatsschuldbuchs.

(3½ bezw. 3prozentige Buchschuld.)
Konto Nr. Gläubiger:
Aenderungen in der Person (Bezeichnung) des Gläubigers:
(Behörde, welche die Verwaltung der Masse
führt — beaufsichtigt —.)

1.		2.						3.	4.		
Betrag der Forderung		Abschreibungen						Beschränkungen des Gläubigers	Die Zinsen zu empfangen ist berechtigt:		
		a. Uebertragen auf das Konto:			b. Umgewandelt in Staatsschuldverschreibungen:					halbjährlich mit:	
M.		Abtheilung	Nummer	M.	Litr.	Nummer	Betrag M.			M.	Pf.

2. Muster zu Anträgen auf Anlegung eines Kontos gegen Einlieferung von Schuldverschreibungen.

An
die Hauptverwaltung der Staatsschulden
(Schuldbuch-Angelegenheit)
Berlin S.W. 68.
frei. Oranienstraße 92/94.

.........................., den ....ten .... 19..........

Die Hauptverwaltung der Staatsschulden erhält hierbei die in dem anliegenden Verzeichniß aufgeführten .... Stück Schuldverschreibungen der Preußischen konsolidirten ....prozentigen Staatsanleihe über zusammen .... *M*, schreibe (in Worten) .... Mark, nebst den dazu gehörigen Zinsscheinen über die seit 1. .... 19.......... laufenden Zinsen und den Erneuerungsscheinen (Anweisungen) mit dem Antrage:

1. die gedachten .... *M* auf den Namen:*)
   ....
   in .... Kreis ....
   .... Straße Nr. ....
   in das Staatsschuldbuch einzutragen;

*) Hier sind Vor- und Familiennamen, bei Frauen zugleich der Geburtsname, Beruf oder Stand, Wohnort und Wohnung so vollständig und so deutlich anzugeben, daß spätere Verwechselungen und Irrthümer thunlichst vermieden werden.

2. die fälligen Zinsen durch die Post — durch die Königliche .... Kasse — durch die Reichsbank .... stelle in .... an*) .... wohnhaft in .... Kreis .... Straße Nr. .... zahlen zu lassen.

**)

---

*) S. die Bemerkung auf der vorigen Seite.

**) Der Schluß dieser und die folgende Seite sind zu benutzen für die etwaigen Beschränkungen des Gläubigers in Bezug auf das Kapital oder die Zinsenerträgnisse, welche eingetragen werden sollen (wie z. B. Verpfändungen, Nießbrauchsbestellungen u. a.).

Soll die Eintragung auf den Namen einer juristischen Person, einer Handelsfirma, einer eingetragenen Genossenschaft, einer eingeschriebenen Hülfskasse erfolgen, so ist die rechtliche Existenz des Gläubigers durch eine vorschriftsmäßige öffentliche Urkunde nachzuweisen.

Wenn eine Vermögensmasse ohne juristische Persönlichkeit als Gläubiger einzutragen ist, so muß der Fall, in welchem eine Behörde die Verwaltung der Masse führt oder beaufsichtigt, streng getrennt werden von demjenigen, in welchem Privatpersonen die Verfügung über die Masse zusteht. In ersterem Fall ist die Behörde genau anzugeben, auch auf Verlangen der Hauptverwaltung die Eigenschaft der Behörde als einer öffentlichen und ihre Zuständigkeit durch geeignete Urkunden nachzuweisen. Im letzteren Fall sind die gerichtlichen oder notariellen Urkunden, durch welche die Privatpersonen sich als zur Verfügung über die Masse befugt ausweisen, dem Antrage stets sofort beizulegen.

Am Schluß ist der obige Antrag vom Antragsteller zu unterschreiben.

3. Muster zu Anträgen auf Zuschreibung gegen Einlieferung von Schuldverschreibungen.

An
die Hauptverwaltung der Staatsschulden
(Schuldbuch-Angelegenheit)

Berlin S.W. 68.
frei. Oranienstraße 92/94.

.........................., den ....ten .... 19..........

Die Hauptverwaltung der Staatsschulden erhält hierbei die in dem anliegenden Verzeichniß aufgeführten .... Stück Schuldverschreibungen der Preußischen konsolidirten ......prozentigen Staatsanleihe über zusammen ....M, schreibe .... Mark, nebst den dazu gehörigen Zinsscheinen über die seit 1............................. 19.......... laufenden Zinsen und den Erneuerungsscheinen (Anweisungen) mit dem Antrage:

1. die gedachten .... M. zusätzlich auf das Konto: .... Nr. ....
de ....
....
in .... Kreis ....
.... Straße Nr. ....
in das Staatsschuldbuch einzutragen;

2. die fälligen Zinsen durch die Post — durch die Königliche .... Kasse — durch die Reichsbank .... stelle
in ....
an d..
....
....
wohnhaft in .... Kreis ....
.... Straße Nr. ....
zahlen zu lassen.

4. Muster zu Anträgen auf Löschung einer Staatsschuldbuchforderung gegen Auslieferung von Schuldverschreibungen.

(Dies Formular wird vom Staatsschuldbuchbureau unentgeltlich verabfolgt.)

An
die Königl. Hauptverwaltung der Staatsschulden
(Schuldbuch-Angelegenheit)

Berlin S.W. 68.
frei. Oranienstraße 92/94.

.........................., den ....ten .... 19..........

D...... Unterzeichnete...... beantrag.........., ...M.,
mit Buchstaben »..
.... Mark«,
der für ....
.... einge-
tragenen Staatsschuldbuchforderung .... %
.... Nr. .... *) zu löschen und an Stelle
dieses Betrages neue Schuldverschreibungen derselben
Anleihe an ....
....
auszuliefern.**)

---

*) Hier ist der Zinsfuß der zu löschenden Forderung und die Bezeichnung des Kontos einzurücken, z. B. 3 1/2 vormals 4... IB.... 1120.

**) Wenn die Uebersendung der Effekten durch die Post gewünscht wird, so ist dies in dem beglaubigten Antrag zu erklären. Andernfalls erfolgt die Auslieferung durch eine geeignete Königl. Preuß. Kasse.

Die Gebühren sind vor Auslieferung der Effekten zu berichtigen.

Dieselben betragen: ..... bis 2000 M. = 2,00 M.
von mehr als 2000 » 3000 » = 2,50 »
» » » 3000 » 4000 » = 3,00 »
» » » 4000 » 5000 » = 3,75 »
und so fort, für jede angefangenen 1000 M. = 75 Pf. mehr.

Die Unterschrift muß gerichtlich oder notariell beglaubigt sein.

Wird der Antrag von einer Behörde gestellt, so ist der Unterschrift das Siegel der Behörde beizudrücken.

Ist die Forderung im Januar—Juli und im April—Oktober verzinslich so ist bei Theillöschungen anzugeben, ob Schuldverschreibungen mit Januar—Juli-Zinsen oder solche mit April—Oktober-Zinsen gewünscht werden.

5. Muster für die Verzeichnisse der zur Umwandlung eingelieferten Schuldverschreibungen.

Verzeichniß

der mit Antrag des .... vom ....ten .... 19......
eingelieferten Schuldverschreibungen der Preußischen konsolidirten .... prozentigen Staatsanleihe.

(Zu ordnen nach den verschiedenen Zinsenterminen (Januar — Juli, April — Oktober), und innerhalb dieser beiden Arten nach den Littern, für jede Littera aber nach der Nummernfolge.)

Spalte 1.					Spalte 2.				
Laufende Nr.	Litr.	Nummern	Betrag des einzelnen Stückes M.	Betrag für jeden Werthabschnitt M.	Laufende Nr.	Litr.	Nummern	Betrag des einzelnen Stückes M.	Betrag für jeden Werthabschnitt M.
a.	mit Zinsscheinen über im Januar und Juli fällige Zinsen.						(Soweit die Spalte 1 nicht ausreicht, sind die Spalten 2 und folgende zu benutzen.)		
1	A	2 473	5 000						
2	»	2 476	»	10 000					
3	B	4 673	2 000						
4	»	10 380/$\overset{11}{\overline{90}}$	»						
5	»	11 760	»	26 000					
6	C	70 536	1 000	1 000					
7	D	19 216	500						
8	»	20 355	»	1 000					
9	E	18 309	300						
10	»	20 576/$\overset{3}{\overline{8}}$	»						
11	»	30 682	»	1 500					
			Summe a	39 500					
b.	mit Zinsscheinen über im April und Oktober fällige Zinsen.								
12	D	766 001/$\overset{30}{\overline{30}}$	500	15 000					
13	J	1 280	3 000	3 000					
			Summe b	18 000					
			Gesammtbetrag	57 500					

Mit den Schuldverschreibungen müssen die dazu gehörigen Zinsscheine nebst Erneuerungsscheinen abgeliefert werden. Nur den Schuldverschreibungen, welche in einem dem Fälligkeitstermine der Zinsen unmittelbar vorangehenden Monat eingereicht werden, sind die nächstfälligen Zinsscheine nicht beizufügen.

6. Gebührentarif.

Es werden erhoben:		
wenn verfügt wird über ein Kapital	für jede Einschrift in das Staatsschuldbuch.	für die Ausreichung neuer Konsols und für die damit verbundene Löschung der Buchforderung.
bis 2 000 M.	1,00 M.	2,00 M.
von mehr als 2 000 » 3 000 »	1,00 »	2,50 »
» » » 3 000 » 4 000 »	1,00 »	3,00 »
» » » 4 000 » 5 000 »	1,25 »	3,75 »
» » » 5 000 » 6 000 »	1,50 »	4,50 »
» » » 6 000 » 7 000 »	1,75 »	5,25 »
» » » 7 000 » 8 000 »	2,00 »	6,00 »
» » » 8 000 » 9 000 »	2,25 »	6,75 »
» » » 9 000 » 10 000 »	2,50 »	7,50 »
» » » 10 000 » 11 000 »	2,75 »	8,25 »
» » » 11 000 » 12 000 »	3,00 »	9,00 »
» » » 12 000 » 13 000 »	3,25 »	9,75 »
» » » 13 000 » 14 000 »	3,50 »	10,50 »
» » » 14 000 » 15 000 »	3,75 »	11,25 »
» » » 15 000 » 16 000 »	4,00 »	12,00 »
» » » 16 000 » 17 000 »	4,25 »	12,75 »
» » » 17 000 » 18 000 »	4,50 »	13,50 »
» » » 18 000 » 19 000 »	4,75 »	14,25 »
» » » 19 000 » 20 000 »	5,00 »	15,00 »
und so fort.		

Bemerkungen:

1. Vermerke über Bevollmächtigungen, sowie über Aenderungen in der Person oder der Wohnung des Kapitalgläubigers oder Zinsenempfängers, sowie über Aenderung des Weges, auf welchem die Zinsen gezahlt werden sollen, sind gebührenfrei.
2. Als Eine Einschrift gelten die mittelst der gleichen Verfügung auf Einem Konto bewirkten Eintragungen und Löschungen. $3\frac{1}{2}$ vormals 4 prozentige und $3\frac{1}{2}$ prozentige Forderungen desselben Gläubigers werden als Ein Konto behandelt.
3. Die durch das Gerichtskostengesetz und die Gebührenordnung für Notare festgesetzten Gebühren für die gerichtliche oder notarielle Beglaubigung der Anträge in Schuldbuchsachen (§§. 13, 14) betragen:

   bei Beträgen bis 2 000 M. **höchstens** 1,50 M.,
   bei Beträgen über 2 000 M. **höchstens** 3,00 M.

Berlin, gedruckt in der Reichsdruckerei.
849. 02.